自治体財政を
読み解く

よくわかる

制度 課題 展望

兼村 高文・星野 泉・稲田 圭祐 著

イマジン出版

は じ め に

　異常な事態が異常ではなくなりつつあるように感じられる。自然災害が毎回"記録的な"という文言が付けられている。わが国でも1世紀ぶりに襲われた感染症のパンデミックは、地方財政にも大きな試練を課してきた。災害からの復旧・復興は東日本大震災でも経験してきたが、新型コロナウイルス感染症による災害は、再び厳しい試練をもたらしている。

　地方自治体の活動は、住民生活に直接に関係しているため、災害には関心を持たざるをえない。コロナ感染症では、地方自治体の財政力によって支援内容が異なる事態も発生した。しかし国は最大規模の補正予算を組み、地方財政へ必要な支援を交付金によって手当し、等しく感染症対策が実施された。感染者数は2022年央までに減少し終息を期待したが、再び増加に転じてこの先は五里霧中といったところである。過去の例から見通すなら、スペイン風邪は3年程度で終息した。本書が出版され、2023年、2024年に本書に目を通している読者は、振り返ってどう評価しているのであろうか。

　本書は、2018年に出版した『改訂版・自治体財政がよくわかる本』をベースに全面的に改訂しまとめたものである。【図説：地方財政の基本】では、地方財政の基本的な用語を図とともに説明している。【解説：地方財政の制度と議論】では、地方財政の主要な制度と議論について解説している。そして【論点：地方財政の課題と対応】で地方財政が直面しているいくつかの課題を取り上げ、その対応を論点としてまとめている。地方財政が直面している課題は、これまでの少子高齢化や過疎過密、財源不足などであろうが、加えて災害への危機対応が現実として求められている。これにはハード面のインフラ更新投資や災害に強い街づくりとともに、ソフト面で行政と市民の協働による防災体制の構築などが求められる。

　本書は、経済社会が予期しない有事とも言うべきカオスの状況の中でまとめたものである。そうであってもわれわれが築いてきた基本的な原理はかわらない。有事において地方自治体はどう対応するか。それを資金面で支える地方財政の担う役割は大きい。こうしたことに本書がお役に立てば幸いである。

著　者

目　次

論点：地方財政の課題と対応 …………… 173

Ⅰ　過疎過密の現状と地方財政の対応 ………………… 174

Ⅱ　ふるさと納税の現状と今後 …………………………… 186

図　説

地方財政の基本事項

▶ 1 国と地方の財政関係 ◀

　地方財政は国との関係が大きい。国と地方の財政関係を予算をとおしてみよう。図は、左側に2022年度の「国の一般会計予算」、右側に国が毎年度策定する「地方財政計画」、その間に「交付税及び譲与税配布税特別会計」が入っている。

　「国の一般会計予算」は、国が支出（歳出は年度で括ったもの）する一般行政サービスの規模である。租税国家であるから、収入は税収入で賄うのが原則であるが、恒常的に歳入は歳出を大幅に下回っているため、赤字国債（特例国債）を発行して埋め合わせている。歳出は少子高齢化が進む中で社会保障関係費が大きく伸び、歳出の約3分の1を占めている。また国債残高が増え続けて元利償還のための公債費が増加している。2022年度の予算は、107.6兆円で10年前から過去最高額を更新している。

　「地方財政計画」は、国が地方財政全体の歳入・歳出の見込み額を示したものである。歳出のうち、一般行政経費の社会保障関係費が年々増加する一方で、投資的経費のうち公共事業は抑制されている。歳入は、自主財源の地方税等が約4割を占めていることで、地方財政は4割自治である。地方債は国からの一般財源である地方交付税が手当てされ抑えられてきている。なお赤字地方債の発行は認められていないが、地方財源不足を補うため特例として臨時財政特例債が国の手当で発行されている。

　「交付税及び譲与税配布特別会計」は、国から地方財政へ支出される一般財源である地方交付税を配布するための特別会計である。交付税等特別会計の歳入には法定された国税の一定割合等が繰入れられ、歳出は地方財政計画で計算された必要な地方交付税額が計上されて、歳入と歳出の差引がこの特別会計で調整される。

　国から地方財政へ直接に支出される財源には特定財源の国庫支出金があり、国の政策を一体として推進するために特定財源が必要とされる。

国の予算と地方財政計画との関係（2022年度当初）

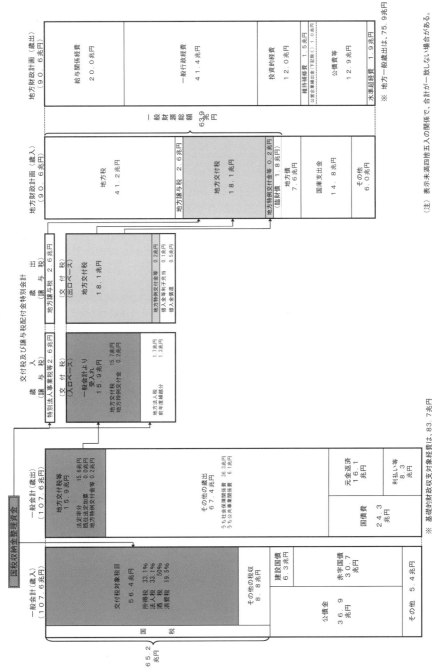

※ 基礎的財政収支対象経費は、83.7兆円

※ 地方一般歳出は、75.9兆円

（注）表示未満四捨五入の関係で、合計が一致しない場合がある。

出所：総務省資料。

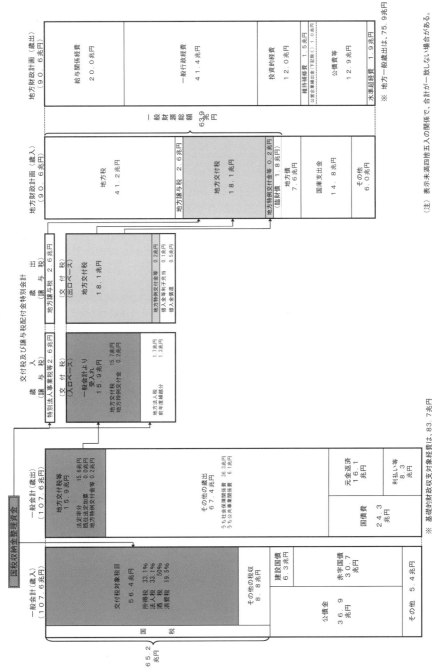

13

▶ 2 歳出でみる国と地方の役割分担 ◀

　国と地方の役割分担を歳出額でみよう。図は総務省が毎年度公表している国と地方の歳出額に基づいた行政目的別の歳出額とその割合である。縦軸でみると、行政目的別歳出の国（白の部分）と地方の割合として表されている。横軸でみると、行政目的別の国と地方の合計の歳出割合が表されている。

　縦軸でみて、国と地方の歳出全体の割合は国が44に対して地方は56であり、地方が多くを支出している。個別には、国が100％を占めているのは年金と防衛費であり、国の割合が過半を占めているのは公債費、農林水産業費、恩給費などである。公債費が多いのは、公債残高は国負担分が約1,000兆円に対して地方は約200兆円と国が多いからである。

　一方、地方の割合が過半を占める中で最も多いのは衛生費が9割を超え、学校教育費も9割近い。衛生費はごみ収集など住民に身近なサービスであり、また教育費も義務教育を中心にいずれも市町村の重要な役割である。さらに8割近くを占める一般行政費等は、1,700を超える自治体の運営経費等であり、公務員の数（2019年）は国の59万人に対して地方は274万人である。

　次に横軸でみると、最も割合の多いのは民生費、年金、衛生費を含む社会保障関係費で34.7％と支出の3分の1を占めている。社会保障関係費は少子高齢化が進み続け増加の一途である。次に多いのは公債費である。これも公債残高の増加にもなって増え続けている。逆に教育費は少子化により年々減少し、また国土保全及び開発費は社会保障費に押されて減少してともに1割程度である。国も地方も福祉国家財政の様相を年々強めている。

　下の表は国と地方の具体的な事務分担である。地方分権化により行政事務は原則として地方の自治事務となった。国の事務であっても法令等により地方に義務付けられるものは法定受託事務として区分されている（国政選挙、生活保護、旅券交付発給等）。

国と地方の役割分担（2020年度決算）

○ 国と地方の役割分担（令和２年度決算）
　　＜歳出決算・最終支出ベース＞

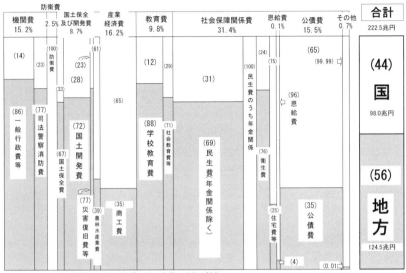

（注）（　）内の数値は、目的別経費に占める国・地方の割合
　　　計数は精査中であり、異動する場合がある。

国と地方との行政事務の分担

分野		公 共 資 本	教 育	福 祉	そ の 他
国		○高速自動車道 ○国道 ○一級河川	○大学 ○私学助成（大学）	○社会保険 ○医師等免許 ○医薬品許可免許	○防衛 ○外交 ○通貨
地方	都道府県	○国道（国管理以外） ○都道府県道 ○一級河川（国管理以外） ○二級河川 ○港湾 ○公営住宅 ○市街化区域、調整区域 　決定	○高等学校・特別支援 　学校 ○小・中学校教員の給 　与・人事 ○私学助成（幼～高） ○公立大学（特定の県）	○生活保護（町村の区域） ○児童福祉 ○保健所	○警察 ○職業訓練
	市町村	○都市計画等 　（用途地域、都市施設） ○市町村道 ○準用河川 ○港湾 ○公営住宅 ○下水道	○小・中学校 ○幼稚園	○生活保護（市の区域） ○児童福祉 ○国民健康保険 ○介護保険 ○上水道 ○ごみ・し尿処理 ○保健所（特定の市）	○戸籍 ○住民基本台帳 ○消防

出所：総務省資料。

▶ 3 租税収入の国と地方の配分 ◀

　租税は、課税する政府により国税と地方税（道府県税と市町村税）に分けられる（東京都は他と異なる税制であるため除かれている）。2020年度の租税収入は、国税と地方税を合わせて104.9兆円であった。そのうち、国税は64.9兆円（61.9％）、地方税は40.0兆円（38.1％）であり、国と地方の配分割合はおよそ3対2である。

　一方、国と地方の歳出額（純計ベース）をみると、国の歳出は98.0兆円（44.0％）、地方の歳出は124.5兆円（56.0％）であり、歳出の割合は国と地方はおよそ2対3で地方が多い。税収と歳出の割合が国と地方で逆転しているため、地方は地方税だけでは歳出を賄うことができない。そのため地方で不足する財源を国から地方交付税と国庫支出金等で移転している。

　国と地方を合計した行政サービスの純計は222.5兆円である。そのうち税収で賄っているのは104.9兆円しかなく、多くは国と地方の借金である公債に依存している状況である。

　地方歳入決算の内訳をみると、歳入は130.4兆円である。2020年度の地方財政計画は89.6兆円であったので、約14兆円決算で増えたことになる。これは補正予算を組んだことによる増額である。国も地方も毎年度補正予算を組んでいるため、当初の予算と決算を比べると増額となる。補正予算は追加の景気対策や非常事態の発生時には状況に応じて組まれている。

　なお、2020年度は新型コロナ感染症対策で国は補正予算を3回組み、その総額は73兆円、予算総額は175.7兆円に上った。同様に地方自治体も多くの補正予算を組んで非常事態に対応したのであるが、その財源のほとんどは国の赤字公債で賄われた。地方財政へは主に国からの交付金が手当てされた。今後は財政健全化にこれまで以上に取組むことが求められる。

国と地方の税源配分と地方歳入の内訳

(1) 国・地方間の財源配分（2020年度）

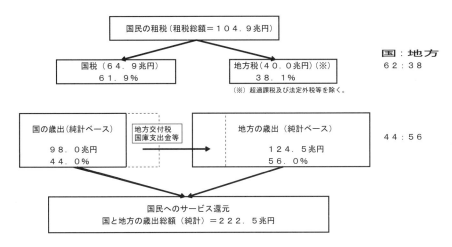

国：地方
62：38

44：56

（※）超過課税及び法定外税等を除く。

(2) 地方歳入決算の内訳（2020年度）

（億円）

地方税	地方譲与税 地方特例交付金 地方交付税	国庫支出金	地方債	その他
408,256 (31.4%)	194,469 (15.0%)	374,024 (28.8%)	122,607 (9.4%)	201,116 (15.4%)

地方歳入１３０兆４７２億円

（注）国庫支出金には、国有提供施設等所在市町村助成交付金を含み、交通安全対策特別交付金は除く。

出所：総務省資料。

▶ 4 地方財政計画とその役割 ◀

　地方財政計画は、毎年度の地方財政全体の歳入・歳出見込み額を国が示したものである。内閣は、翌年度の地方自治体の歳入歳出総額の見込み額に関する書類を作成し、これを国会に提出するとともに、一般に公開しなければならないと定められている（地方交付税法第7条）。ただし、地方財政計画は国会に参考資料として提出されるのであって、国の予算とは異なり国会の議決は要しない。

　地方財政計画の役割は、①地方自治体が標準的な行政水準を確保できるよう国が地方財源を保障すること、②国の予算編成を受けて地方財政との調整を図ること、③地方自治体の毎年度の財政運営の指針である。地方財政計画をとおして、国との財政調整を図りながら標準的な行政サービスの財源を保障している。

　地方財政計画はしたがって、標準的な行政水準を国が確保するものであるから、固定資産税などで標準税率を超えて課税する超過課税や条例で定めて課税する法定外税の収入、また国家公務員の給与水準を超えて支給される給与（ラスパイレス指数100以上）は、標準を超える水準と見なされ計上されない。また地方は国の政策に協力することが求められるため、国が予定する地方の財源と歳出水準が地方財政計画でその概要が示されることになる。

　表は2022年度の地方財政計画の概要であり、主要な計画額がまとめられている。地方行政に関わる関係者にとっては、次年度の予算をどのように策定し運営するかは国の政策に影響されるところが大きい。その際に重要な指針となるのが地方財政計画（地財計画）である。地財計画は2月頃に総務省から公表されるが、12月末に次年度の国の予算案が発表される際に、同時に地方財政対策が発表される。地方財政対策は翌年度の地方財政の不足額とその補填が記載され、最終的に地方財政計画にまとめられる。これらを受けて、自治体は国が予定する地方交付税の水準や地方債の発行予定額、補助金の種類と額などを参考にしながら、次年度の予算案を決めることになる。

2022年度地方財政計画の概要

1 通常収支分

①	地方財政計画の規模	90兆5,918億円	（③89兆8,060億円、＋	7,858億円、＋ 0.9%）
②	地方一般歳出	75兆8,761億円	（③75兆4,043億円、＋	4,718億円、＋ 0.6%）
③	一般財源総額	62兆 135億円	（③61兆9,932億円、＋	203億円、＋ 0.0%）

（水準超経費を除く交付団体ベース）

※ 水準超経費を含めた一般財源総額　63兆8,635億円（③63兆1,432億円、＋ 7,203億円、＋ 1.1%）

④	地方交付税の総額	18兆 538億円	（③17兆4,385億円、＋	6,153億円、＋ 3.5%）
⑤	地方税及び地方譲与税	43兆8,283億円	（③39兆9,021億円、＋3兆9,262億円、＋	9.8%）
⑥	地方特例交付金等	2,267億円	（③ 3,577億円、▲	1,310億円、▲ 36.6%）
⑦	臨時財政対策債	1兆7,805億円	（③ 5兆4,796億円、▲3兆6,992億円、▲	67.5%）
⑧	財源不足額	2兆5,559億円	（③10兆1,222億円、▲7兆5,664億円、▲	74.7%）

※ 令和3年度の一般財源総額、地方税及び地方譲与税については、令和2年度徴収猶予の特例分(2,145億円)を除いている（以下同じ）。

2 東日本大震災分

（1）復旧・復興事業

①	震災復興特別交付税	1,069億円	（③ 1,326億円、▲	257億円、▲ 19.4%）
②	規模	2,987億円	（③ 3,328億円、▲	341億円、▲ 10.2%）

（2）全国防災事業

	規模	1,023億円	（③ 1,090億円、▲	67億円、▲ 6.1%）

出所：総務省資料。

地方財政計画の役割

①地方自治体が標準的な行政水準を確保できるよう地方財源を保障すること

②国家財政・国民経済等との整合性を確保すること

③地方自治体の毎年度の財政運営の指針

　なお地方財政計画には、歳入では超過課税、法定目的外税、法定外普通税、歳出では国家公務員の給与水準を超えて支給される給与は計上されない。

▶ 5 地方税制度 ◀

　地方税とは、地方税法で定められている税をいい、課税主体別に道府県税＊と市町村税に分けられる。それぞれ主要な税目は、道府県税は道府県民税（住民税で税率は4％）、事業税、地方消費税（うち半分は市町村に消費譲与税として配分）などであり、市町村税は市町村民税（住民税で税率は6％）、固定資産税、事業所税などである。

　＊東京都は固定資産税や法人住民税などが特別区との関係で他の道府県とは異なる税制のため道府県税となっている。

　地方税にはこのほか、地方税法で定められてなくても自治体が条例で定めて課すことができる法定外税がある。使途を特定しない法定外普通税（核燃料税、別荘等所有税等）と使途を特定している法定外目的税（宿泊税、産業廃棄物税等）があるが、いずれも税収は少なく地方税収全体の0.1％程度である。

　また地方税は、その使途が自由な普通税と使途があらかじめ決められた目的税がある。租税は使途を特定しない普通税が原則であるが、地方税の中には特定の行政サービスのために徴収する都市計画税や事業所税、水利地益税、入湯税などが目的税に定められている。

　租税を課税標準で分類して地方税と国税をみると、国税は税収力のある所得課税と消費課税が中心であるが、地方税は所得課税と消費課税の課税標準の一部を住民税と地方消費税として課税しているため税収は国税に比して少ない。資産課税である固定資産税は市町村の主要な税源であり、安定的な税収があり望ましい地方税である。

　総務省は望ましい地方税として次の地方税原則を示している。①税源の普遍性、②税収の安定性、③収入の伸張性、④負担の分任性。固定資産税は①と②、住民税は②、事業税は③の特性をもっている。地方税は地方行政サービスの財源として安定性と普遍性があるのが望ましいとされている。

①地方税の体系

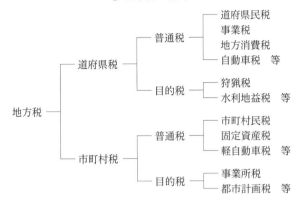

②課税標準別の地方税と国税

	地方税	国　税
所 得 課 税	道府県民税 市町村民税 （住民税） 事業税　等	所得税 法人税 地方法人税　等
消 費 課 税	地方消費税 自動車取得税 地方たばこ税 入湯税　等	消費税 酒税 たばこ税 揮発油税　等
資産課税等	固定資産税 事業所税 不動産取得税 都市計画税　等	相続・贈与税 登録免許税 印紙税　等

▶ 6 地方交付税制度 ◀

　地方交付税（交付金）とは、全ての自治体で標準的な行政サービスが提供できるように、国がそのための財源を保障し（財源保障機能）、また自治体間で生じている財政力格差を調整（財政調整機能）するために国が地方に財源移転する使途が自由な一般財源である。

　地方交付税には、自治体ごとに一定の基準で財源不足を算定して交付される普通交付税と普通交付税では捕捉されない特別の財政需要に対して交付される特別交付税がある。前者は交付税総額の94％、後者は6％と決められている。普通交付税の算定に当たっては、標準的な行政サービスに必要な費用を基準財政需要額として算定し、この額から普通地方税の75％（25％は留保財源として収入額に参入しない）に地方譲与税を加えた額を基準財政収入額として計算し、前者から後者を差引して求める。差引額がマイナスであれば収入額が需要額を上回っているので不足額はなく、普通交付税は交付されず不交付団体となる。プラスであれば不足額が発生するのでその額が普通交付税として交付される。

　図の①は、普通交付税の計算方法である。A市の基準財政需要額が100億円で地方税収が80億円であるとき、普通交付税額は、地方税収80億円から留保財源の20億円（80億円×25％）を控除した60億円を基準財政需要額から差引いた40億円となる。

　同じく②は、基準財政需要額の算定方法である。各自治体の基準財政需要額は、都道府県と市町村別に標準団体をもとに行政経費の算定項目（土木費、教育費、厚生費等）について測定単位（人口、面積、児童数等）に単位費用と補正係数を乗じて求められる。需要額の算定はかつて複雑でわかり難いという問題があったため2007年度に個別算定項目を約3割減らして新たに包括算定経費が導入され、測定単位も人口と面積を基本としたものに一部改められた。

①地方交付税の仕組み

基準財政需要額　100億円	
基準財政収入額　60億円	普通交付税　40億円
（標準）地方税収入 80億円	うち20億円（25%）留保財源

②基準財政需要額の計算式

基準財政需要額	=	測定単位	×	単位費用	×	補正係数

市町村　例　　　　　　　　　標準団体の経費　　　社会的自然的条件の相違
　　　　（道路橋りょう費）　平成28年度（円）　　を反映させるため段階補
　　　　　道路の面積　　　　　　　75,200　　　　正、密度補正、態様補正
　　　　　道路の延長　　　　　　 193,000　　　　などがあり、それぞれ基
　　　　（下水道費）　　　　　　　　　　　　　　準により割増（1.0以
　　　　　人　口　　　　　　　　　　　94　　　　上）と割戻（1.0未満）
　　　　（小学校費）　　　　　　　　　　　　　　の係数が乗ぜられる
　　　　　児童数　　　　　　　　　 43,100
　　　　　学級数　　　　　　　　　828,000
　　　　　学校数　　　　　　　 9,181,000
　　　　（社会福祉費）
　　　　　人　口
　　　　（清掃費）
　　　　　人　口　　　　　　　　　　5,070
　　　　（徴税費）
　　　　　世帯数　　　　　　　　　　4,530
　　　　（包括算定経費）
　　　　　人　口　　　　　　　　　 19,080
　　　　　面　積　　　　　　　 2,437,000

▶ 7 歳入構造 ◀

　歳入は、使途の拘束により、自治体が自由に使える一般財源（地方税、地方譲与税、地方交付金、地方交付税）と特定目的に限定されている特定財源に分けられる。一般財源が多いほど財政的自主性は高くなるのであるが、地方財政計画で地方税の歳入割合は約4割なので、財政的には4割自治ということになる。

　歳入決算額の推移をみると、決算額は2019年度までの4年間はほぼ変わらず100兆円程度で推移してきたが、2020年度は新型コロナ感染症対策で国からの国庫支出金が大幅に増えたため、歳入総額を膨らませた。また補助費等や貸付金なども増えてその他の歳入が増加した。2020年度からの感染症対策は国・地方ともに巨額の補正予算が組まれ、結果として決算額は大きく膨れた。

　歳入のうち一般財源は、最近はプラス成長が続いてきたため地方税は法人関係二税（事業税と法人住民税）に加えて地方消費税も増収となり、2018年度から40兆円を超えて、歳入に占める割合は6割を超えている。他方で特定財源は、国庫支出金が地域活性化等の交付金などの増加で増えているが、地方債が臨時財政対策債の増減により変動はあるものの適債事業の起債分は減少傾向にあり、全体では減少している。その他の歳入は、繰入金や貸付金であるが変動は小さい。

　なお歳入決算額には東日本大震災分（1.8兆円）が含まれている。震災の復旧・復興については、国が2012年度から東日本大震災復旧復興特別会計を設置して財政支援をしており、その事業にかかる地方分である。震災復興を担当する復興庁は2021年に期限を迎えたが、2031年3月まで延長が決められている。

歳入決算額の推移

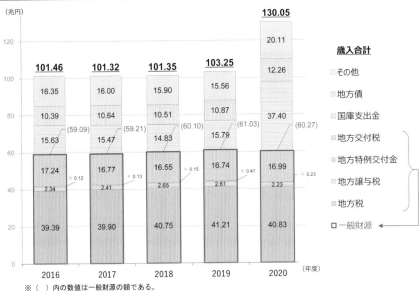

※（　）内の数値は一般財源の額である。

＜歳入の状況＞

（単位：億円、％）

区　　分		2020年度 決算額	構成比	2019年度 決算額	構成比	比較 増減額	増減率
地方税	①	408,256	31.4	412,115	39.9	▲ 3,858	▲ 0.9
うち個人住民税		133,487	10.3	131,348	12.7	2,139	1.6
うち法人関係二税		64,429	5.0	76,015	7.4	▲ 11,586	▲ 15.2
地方譲与税	②	22,323	1.7	26,138	2.5	▲ 3,815	▲ 14.6
地方特例交付金	③	2,256	0.2	4,683	0.5	▲ 2,427	▲ 51.8
地方交付税	④	169,890	13.1	167,392	16.2	2,497	1.5
うち特別交付税		9,957	0.8	10,658	1.0	▲ 702	▲ 6.6
うち震災復興特別交付税		4,007	0.3	4,634	0.4	▲ 626	▲ 13.5
（一般財源）①+②+③+④		602,725	46.3	610,328	59.1	▲ 7,603	▲ 1.2
国庫支出金		374,024	28.8	157,854	15.3	216,170	136.9
うち普通建設事業費支出金		22,024	1.7	19,271	1.9	2,753	14.3
うち災害復旧事業費支出金		5,555	0.4	5,540	0.5	15	0.3
うち新型コロナウイルス感染症対応地方創生臨時交付金		32,575	2.5	－	－	32,575	皆増
うち新型コロナウイルス感染症緊急包括支援交付金		30,211	2.3	－	－	30,211	皆増
うち特別定額給付金給付事業費補助金等		127,560	9.8	－	－	127,560	皆増
うちその他新型コロナウイルス感染症対策関係国庫支出金		18,227	1.4	－	－	18,227	皆増
地方債		122,607	9.4	108,705	10.5	13,902	12.8
うち臨時財政対策債		31,116	2.4	32,311	3.1	▲ 1,195	▲ 3.7
その他		201,116	15.4	155,571	15.1	45,545	29.3
うち繰入金		38,530	3.0	37,548	3.6	982	2.6
うち繰越金		33,031	2.5	31,061	3.0	1,969	6.3
うち貸付金元利収入		78,744	6.1	36,577	3.5	42,167	115.3
歳入合計		1,300,472	100.0	1,032,459	100.0	268,014	26.0

※1　個人住民税は、配当割及び株式等譲渡所得割を含む。
※2　法人関係二税は、住民税（法人分）と事業税（法人分）の合計である。
※3　国庫支出金には、国有提供施設等所在市町村助成交付金を含み、交通安全対策特別交付金は含まない。

出所：総務省資料。

▶ 8 歳出構造 ◀

　歳出は、性質別と目的別に分けられている。性質別歳出は、予算項目
（款・項・目・節）のうち節に区分されたものを集計した数値であり、
経済的性質に分けられたものである。そのうち人件費、扶助費および公
債費は、支出が法令等で義務付けられているため、これらは義務的経費
として区分される。義務的経費は多いほど財政を硬直化させるが、その
うち人件費は定数削減や給与水準の引下げなどで減少してきた。他方、
社会保障関係費の扶助費は少子高齢化対策や生活保護費の支給などで増
加傾向を示している。扶助費はそのほとんどが法令等で義務付けられて
いるため、自治体の裁量で削減することはできず、財政の硬直化が強い
られている。扶助費は今後も増えることが見込まれ、財政構造の硬直化
は一層進まざるをえない状況にある。一方、任意的経費は義務的経費に
押されて減少傾向にある。なかでも投資的経費はピーク時の3分の1近
くになっている。またその他の経費には物件費が含まれているが、この
うち半分は民間委託等に関わる人件費相当が含まれ、公務員が削減され
て人件費が削減されてもその分、民間委託が増えるため間接的な人件費
として物件費が増えている。

　目的別経費は、予算項目のうち款に区分されたものを集計した数値で
あり、政策と関連してみることもできる。最近の傾向をみると、福祉関
係の民生費が増加しているのに対し、公共事業の土木費が減少傾向を示
している。また公務員給与を含む総務費は、ほぼ変わらないで推移して
いる。ただしこれらの経費には、人件費や各種手当などの経常的経費に
加えて施設等の建設費である資本的経費が含まれている。規模の小さい
自治体では、大規模な施設建設を行うとその経費が一時的に大きく膨れ
るので支出の内容をみる必要がある。

　2020年度歳出決算額は、歳入構造でもみたように新型コロナ感染症
対策で交付金関係の経費が大きく膨れ、例年とは異なっている。

①性質別決算額の推移

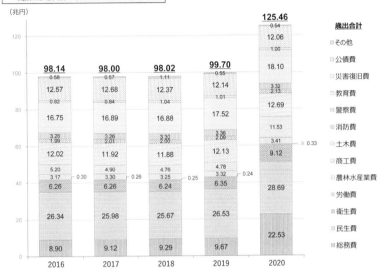

〈歳出決算額の目的別内訳の推移〉

出所：総務省資料。

②目的別決算額の推移

〈歳出決算額の性質別内訳の推移〉

出所：総務省資料。

▶ 9 地方債制度 ◀

　地方債とは、自治体が1会計年度を超えて行う借入れである。国も自治体もその歳出は借入金以外の歳入をもって賄うことが法律で決められている。地方財政法第5条は「地方公共団体の歳出は、地方債以外の歳入をもって、その財源としなければならない」とあるが、続くただし書きで「次に掲げる場合においては、地方債をもつてその財源とすることができる。」として、次の5つの適債事業を挙げている。①公営企業に要する経費、②出資金及び貸付金、③地方債の借換えの経費、④災害復旧等の事業費、⑤公共事業等の事業費等。すなわち、建設事業など将来の住民にも経費を負担してもらうことが望ましい事業、また災害など臨時的に多額な出費の必要がある事業、さらに国との経済政策との調整に必要と認められる事業などに借入が認められている。なお2001年度から地方財政の不足額を国が補うために特例として、赤字地方債である臨時財政対策債を発行している。この収入は一般財源に計上され、元利償還費は地方交付税で手当てされている。

　地方債の発行（起債）は、2006年度からそれまでの許可制から協議制になり、原則として起債自由となった。しかし健全財政を維持する目的から、実質公債費比率が18％以上の自治体は公債費負担適正化計画の策定が義務付けられ、また自治体財政健全化法は、実質公債費比率が25％を超えると早期健全化団体、35％を超えると財政再生団体に指定し、地方債の過大な借入れを抑えている。

　国は毎年度、地方債発行の見込額とその資金を明らかにした地方債計画を公表している。図①は、2022年度の地方債計画（通常分）で一般会計と公営企業の合計に臨時財政対策債等を加えた総額とその資金区分が記載されている。図②は、普通会計（決算統計上の会計区分で一般会計に公営事業以外の特別会計を加えたもの）が負担すべき借入金残高の推移である。借入金残高は2014年度をピークに減少しているが、地方債の中で臨時財政対策債が膨れており、地方財政の財源不足が恒常的となり厳しい状況を示している。

①2022年度地方債計画

項　目	地方債計画額	項　目	地方債計画額
一　一般会計債		三　臨時財政対策債	17,805
公共事業等	15,905	四　退職手当債	800
災害復旧事業	1,127	五　国の予算等貸付金債	(334)
教育・福祉施設等整備事業	3,707	総計	(334) / 101,799
一般単独事業	28,013	内訳　普通会計分	76,077
その他事業	5,730	公営企業会計等分	25,722
計	56,717	資金区分	
二　公営企業債		公的資金	43,713
水道事業	5,566	財政融資資金	26,252
交通事業	1,963	地方公共団体金融機構資金	17,461
病院事業・介護サービス事業	4,193	(国の予算等貸付金)	(334)
下水道事業	12,181	民間等資金	58,086
その他事業	78	市場公募	36,600
計	26,477	銀行等引受	21,486
合計	83,194		

出所：総務省資料。

②地方債等残高の推移

地方財政の借入金残高は、**令和4年度末で189兆円**と見込まれている。この内訳は、交付税特別会計借入金残高(地方負担分)30兆円、公営企業債残高(普通会計負担分)16兆円、地方債残高144兆円である。

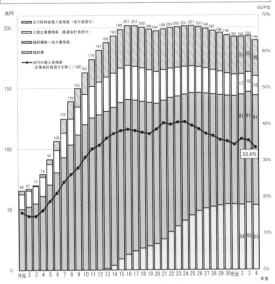

※1　地方の借入金残高は、令和2年度までは決算ベース、令和3年度・令和4年度は地方財政計画等に基づく見込み。
※2　GDPは、令和2年度までは実績値、令和3年度は実績見込み、令和4年度は政府見通しによる。
※3　表示未満は四捨五入をしている。

出所：総務省資料。

▶ 10 地方公営企業 ◀

　地方公営企業とは、自治体が住民の福祉の増進を目的として経営する企業である。一般会計で経理される一般行政サービスは、原則として租税で賄われるのに対し、公営企業はサービスの対価として徴収される料金等で賄われ経営的視点で運営される。

　公営企業には、地方公営企業法の適用が義務付けられている事業の水道（簡易水道を除く）、工業用水道、交通（軌道、自動車、鉄道）、電気、ガス、病院（財務規定のみ）と任意適用の事業の交通（船舶）、簡易水道、港湾整備、市場、と畜場、観光施設、宅地造成、公共下水道、介護サービス、駐車場整備、有料道路、その他（有線放送等）がある。地方公営企業法が適用される事業については、特別会計を設置し財務や職員の身分等の定めに従って運用しなければならない。

　公営企業全体の事業総数は、2000年度の12,574をピークに年々減少し、2020年度末は8,165である。事業別では、下水道事業が最も多く3,606事業で全体の44.1％を占め、次いで水道事業（簡易水道含め）が1,794事業、22.0％、病院事業が683事業、7.4％などとなっている。

　また公営企業の決算規模をみると、2020年度決算は18兆751億円である。決算規模が最も多いのは、病院業数で５兆9,712億円、全体の33.0％を占めている。次いで下水道事業が５兆5,517億円で30.7％である。公営企業は事業数では下水道事業が多いが、決算規模は病院事業が最も多い。病院事業は自治体病院の数が年々減少しているが事業費は膨れ続けている。

　公営企業の経営状況に関しては、法非適用企業含めて2020年度決算で総収支は6,962億円の黒字であり、前年度に比べマイナス510億円である。しかし下水道や病院事業には一般会計から３兆円余りの繰入があるため黒字となっている。

公営企業の状況（2020年度決算）

地方公営企業等の事業数の状況

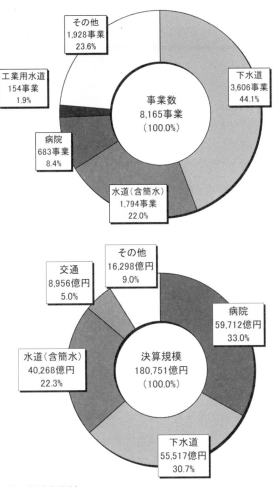

出所：総務省資料。

▶ 11 地方財政の国際比較 ◀

1 国・地方の財政支出の国際比較

　国（連邦、中央）と地方（州、市町村等）の財政規模（歳出）は、各国の歴史的経緯や政治的状況などを背景に違いをみることができる。連邦国家であるアメリカ、カナダ、ドイツなどとイギリス、フランス、スウェーデンなどの単一国家の場合は、国と地方の役割が異なるケースもあり財政規模も違いが出てくる。

　図①は、一般政府支出（中央＋地方－社会保障基金）の国（連邦）と地方（州）のそれぞれの公的資本支出と最終消費支出の対GDP比を表したものである。図の凡例にあるように、横の長さは国＋地方の対GDP比の大きさを表しており、そのうち上段は国と地方の割合、下段はそれぞれの政府の公的資本支出と最終消費支出の大きさを示している。

　国別に政府の大きさをみると、最も大きいのはスウェーデンの31.7％、次いでカナダの26.6％、イギリスの25.4％であり、日本は16.6％と最も小さい。政府を国と地方の割合でみると、連邦国家はすべて国が小さく地方が大きいのに対して、単一国家でも日本、スウェーデン、韓国は地方が大きいがイギリスとフランスは国が地方より大きい。なおこの割合は、社会保障基金を含まない支出の国と地方の割合をみたものである。

　次に、政府の公的資本形成と最終消費支出の比率をみると、イギリスを除いて公的資本形成は地方が支出し、その数値は２％から５％である。日本の公的資本形成の比率はかつて５％を超えていたが、公共事業の抑制と社会保障関係費の増加で３％台へ低下してきた。

① 一般政府支出の国際比較（2020年）

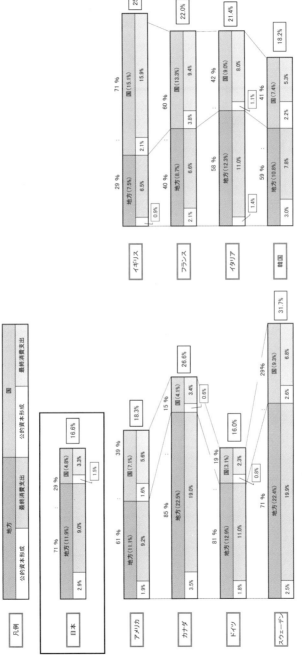

凡例

	地方		国	
	公的資本形成	最終消費支出	公的資本形成	最終消費支出

日本　71 %　地方(11.9%)　9.0%　2.9%　29 %　国(4.8%)　3.3%　1.5%　16.6%

アメリカ　61 %　地方(11.1%)　9.2%　1.9%　39 %　国(7.1%)　5.6%　1.6%　18.3%

カナダ　85 %　地方(22.5%)　19.0%　3.5%　15 %　国(4.1%)　3.4%　0.6%　26.6%

ドイツ　81 %　地方(12.9%)　11.0%　1.8%　19 %　国(3.1%)　2.3%　0.8%　16.0%

スウェーデン　71 %　地方(22.4%)　19.9%　2.5%　29%　国(9.3%)　6.8%　2.6%　31.7%

イギリス　29 %　地方(7.5%)　6.5%　0.9%　71 %　国(15.1%)　15.9%　2.1%　25.4%

フランス　40 %　地方(8.7%)　6.6%　2.1%　60 %　国(13.3%)　9.4%　3.8%　22.0%

イタリア　58 %　地方(12.3%)　11.0%　1.4%　42 %　国(9.0%)　8.0%　1.1%　21.4%

韓国　59 %　地方(10.6%)　7.8%　3.0%　41 %　国(7.4%)　5.3%　2.2%　18.2%

注）1 国民経済計算及びOECDデータに基づき作成。
　　2 ドイツ、フランス及び韓国については、暫定値を使用。

出所：総務省資料。

2 国税・地方税の国際比較

　税制は課税主体別に、中央政府（国、連邦）と地方政府（地方、州）がそれぞれ国税（連邦税）と地方税（市町村等、州税）を賦課徴収している。国によって中央と地方の政府の役割は異なり、税制もさまざまである。

　図②の国際比較をみると、わが国は国税対地方税の割合は6対4で国税収入が多いが、同じ単一国家であるイギリスは国税が9割以上を占めて地方税は1割にも満たない。フランスも国税が8割を占めている。しかしスウェーデンはほぼ半々の5.5対4.5と地方税の占める割合が多い。一方、連邦国家であるアメリカは国（連邦）がほぼ5割で地方は連邦3割、地方2割と国と地方はほぼ半々である。同じ連邦国家のドイツも国と地方の割合はほぼ半々に近い割合である。

　次に国税と地方税の税目をみると、国家体制にかかわらず、国税に関してはスウェーデンを除いて所得課税が多くを占めている。スウェーデンは所得課税は地方所得税が地方税のほとんどを占め、国税は付加価値税（消費税）が主である。地方税目で特徴的なのは、資産等課税が多いことである。イギリスの地方税は全てカウンシル税（固定資産税）であり、アメリカ、フランスも最も多い。わが国は所得課税（住民税と事業税）が5割、消費課税が2割、資産等課税が3割である。

　国税と地方税を直接税と間接税に分けて比べると（直間比率）、国税で直接税比率が最も多いのはアメリカで7割を超え、わが国も7割近いが、他の国はほぼ半々である。

　税制は各国の成立過程や役割分担により国税と地方税が決められてきたのであり、そうした背景により成立している。

②主要国の国・地方税制（注1）

区分	税源配分	地方税収入の構成比 (所得/消費/資産等)	地方税 主な税目	州税収入の構成比 (所得/消費/資産等)	州税 主な税目	国税収入の構成比 (所得/消費/資産等)	国税 主な税目
日本 (注2)	（億円） 国税 621,751 (60.1) 地方税 412,115 (39.9) 計 1,033,866	所得 50.9 消費 21.3 資産等 27.8	個人住民税、事業税、地方消費税、たばこ税、自動車税、軽油引取税、固定資産税、不動産取得税、事業所税、都市計画税	ー	ー	所得 53.1 消費 41.6 資産等 5.3	所得税、法人税、消費税、揮発油税、酒税、たばこ税、相続税
アメリカ	（億ドル） 国税 21,478 (53.3) 州税 11,016 (27.3) 地方税 7,811 (19.4) 計 40,305	所得 5.7 消費 22.5 資産等 71.8	小売売上税、財産税	所得 43.2 消費 53.3 資産等 3.5	個人・法人所得税、小売売上税、酒税、たばこ税	所得 91.2 消費 8.1 資産等 0.8	個人・法人所得税、遺産税、贈与税
イギリス	（億ポンド） 国税 5,448 (93.6) 地方税 375 (6.4) 計 5,824	所得 0.0 消費 0.0 資産等 100.0	カウンシル・タックス(93～)	ー	ー	所得 46.2 消費 43.7 資産等 10.1	所得税、法人税、付加価値税、酒税、たばこ税、石油税、相続税
ドイツ	（億ユーロ） 国税 3,936 (47.6) 州税 3,191 (38.6) 地方税 1,134 (13.7) 計 8,261	所得 79.8 消費 8.6 資産等 11.7	所得税(州・市町村・連邦の共有税)、営業税(市町村)、付加価値税(州・市町村・連邦の共有税)、不動産税	所得 52.2 消費 40.1 資産等 7.6	所得税(州・市町村・連邦の共有税)、法人税(州・連邦の共有税)、付加価値税(州・市町村・連邦の共有税)、不動産取得税、相続税	所得 45.6 消費 54.0 資産等 0.4	所得税(州・市町村・連邦の共有税)、法人税(州・連邦の共有税)、付加価値税(州・市町村・連邦の共有税)、関税
フランス	（億ユーロ） 国税 5,867 (79.8) 地方税 1,484 (20.2) 計 7,351	所得 35.4 消費 0.0 資産等 64.6	自動車登録税、専門税、不動産税、既建築地地方税、地域経済負担金、住居税	（注3） ー	ー	所得 48.1 消費 42.6 資産等 9.3	所得税、法人税、付加価値税、石油産品内国消費税
カナダ	（億カナダドル） 国税 3,022 (44.9) 州税 2,942 (43.7) 地方税 764 (11.4) 計 6,728	所得 0.0 消費 1.8 資産等 98.2	財産税	所得 50.5 消費 38.6 資産等 11.0	個人・法人所得税、小売売上税、揮発油税、たばこ税	所得 79.1 消費 20.9 資産等 0.0	所得税、法人税、付加価値税(GST)
スウェーデン	（億クローネ） 国税 9,332 (54.9) 地方税 7,668 (45.1) 計 17,001	所得 97.6 消費 0.0 資産等 2.4	個人所得税、不動産料	ー	ー	所得 2.6 消費 65.4 資産等 32.1	個人・法人所得税、付加価値税、印紙税、酒税、たばこ税
オーストリア	（億ユーロドル） 国税 4,441 (80.8) 州税 858 (15.6) 地方税 196 (3.6) 計 5,495	所得 0.0 消費 0.0 資産等 100.0	資産税(土地)	所得 0.0 消費 30.8 資産等 69.2	ー	所得 73.2 消費 26.6 資産等 0.2	個人・法人所得税、付加価値税、財産税

（注） 1 日本以外の国は、「Revenue Statistics 1965-2020」による2019年の数値である。
2 日本は、令和元年度（2019年度）決算額であり、国税には地方法人特別税を含まない。地方税には法人特別譲与税を含まない。
3 フランスの州税は、OECDの統計上「地方税」に含まれている。
4 各項目ごとに四捨五入しているため、合計が一致しない場合がある。

出所：財務省資料。

3 国債・地方債務残高の国際比較

　わが国は大量の国債発行残高を抱えた債務残高大国である。2020年度には3度の過去最大規模の補正予算で国債残高はさらに膨れ上がった。一方、地方は赤字地方債の発行が認められていないため国ほどの債務残高は抱えていないが、それでも国際比較すると大きな残高を抱えていることがわかる。

　図③は、2020年度末の各国（イギリス、フランス、イタリア）の国と地方の債務残高の対GDP比である。わが国は、国・地方ともに比率が最も高く、国は219.3％とGDPの2倍を超え、地方は40.5％である。わが国の次に高いイタリアの163.2％を大きく上回る。ただし、2020年度はコロナ感染症対策でどこの国も巨額の財政支出が行われたため、債務残高は前年度より20％前後増加した。それでもわが国の債務残高は突出している。地方の債務残高も高い。地方債残高は2015年度に200兆円をピークに低下してきたが、それでも高水準の債務残高を抱えている。他国が国との比率で10倍以上の開きがあるのに対して、わが国は5倍ほどであり、地方も多い。わが国の財政は、国も地方も借金に抱かれた財政と言わざるをえない状況にある。

　問題は、ここまで抱えた債務を今後どのように返済して健全化を図るかである。2022年央時点でまだ感染が収まらない状況で健全化を見通すのは難しいが、健全化に向けた計画は示しておく必要はある。すでにイギリスでは、2023年4月から法人税率の引き上げ（大企業向けに19％から25％）を決めている（なお、2022年9月に首相が交代したため変更されることもある）。

③債務残高の国際比較

地方は、国と異なり、金融・経済・税制等の広範な権限を有しておらず、諸外国でも地方の財政赤字や債務残高は国よりも大幅に小さい。地方は一定のプライマリーバランスの黒字を確保して、早急に債務残高の縮減を図るべき。

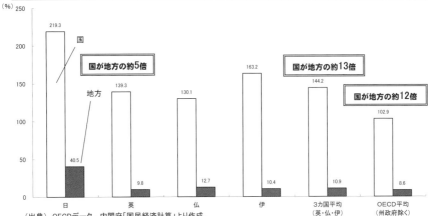

（出典）OECDデータ、内閣府「国民経済計算」より作成。
（注1）日本については、「国民経済計算」2020年度年次推計の数値を使用。また、交付税特別会計借入金のうち、地方負担分である31.0兆円（2020年度末時点）は、地方の債務残高に含めている。
（注2）一部の国については、暫定値を使用。
（注3）OECD平均について、連邦国家の場合、地方政府に州政府を含めていない。また日本を含めていない。

出所：総務省資料。

解　説

地方財政の制度と議論

I
地方財政の収入支出と財政運営

▶ 1 目指すべき地方財政の姿 ◀

　地方財政審議会の意見書（2021年12月10日付）では、目指すべき地方の姿に関して、「どのような地域であっても、どの時代に生まれても、住民に安心と安全、そして満足度を高めて幸せをもたらす。また、社会経済の変化にも対応した活力溢れる持続可能な地域社会。それが築いていかねばならない目指すべき地域の姿である」とされている。新型コロナウイルス感染症の感染拡大防止に取組みつつも、「ウィズコロナ」下での社会経済活動の再開を進めるとともに、「デジタル田園都市国家構想」の実現、防災インフラの整備をはじめとする防災・減災対策等に取組むことを求めている。

　また、目指すべき地方財政の姿としては、持続可能な地方財政基盤の構築が不可欠であるとされ、そのためには、地方自治体が自らの判断で自由に使うことのできる地方税や地方交付税等の一般財源の総額を適切に確保していく必要があり、地方税の充実確保と税源の偏在性が小さく税収が安定的な地方税体系の構築が必要であるとする。加えて、厳しい歳出抑制を行ってきてもなお、継続して巨額の財源不足が生じている状況であることから、地方財政の健全化に不断に取組んでいくことが重要であると指摘している。

　新型コロナウイルス感染症の拡大に加え、最近ではロシアのウクライナ侵攻による地政学的なリスクの高まりを受けて、厳しい環境におかれた住民に対する支援等、地方自治体に求められる役割は今まで以上に大きくなっている。ただし、事務配分が国の法令によって定められ、地方交付税によって財源保障や財政調整がなされる自治体が、社会環境の変化に即時に対応できるように行政サービスの自由度を高めるためには、

地方税の構成比を大きくすることより、地方譲与税を含め一般財源としての収入源を増加させることの方が重要となろう。

▶ 2 地方財政の収入 ◀

■1 収入の構成

地方財政収入は、多くの収入源によって構成されるが、主要なものとして、地方税、地方交付税、国庫支出金、地方債がある。日本において、また諸外国の地方財政をみても、これらが主要な財源であることが一般的である。

ただ、イギリスやドイツのように、人件費等日常的経費を経理する経常会計と、耐用年数のある施設、資産を管理する、いわゆる投資的経費に関わる資本（投資）会計を別個に管理して、地方税等を経常勘定の収入源、地方債等借入れは資本勘定の主要な財源とするような、複式予算の仕組みをもつ国もあるが、日本の場合では、これらの財源を一元的に管理している。

図表Ⅰ-1は、地方財政の収入構造を示したものである。2019年度決算から地方財政の収入額をみると、約103兆円となっており、そのうち地方税が39.9％、地方交付税が16.2％、国庫支出金が15.3％、地方債が10.5％を占めている。

地方財政の収入は、自主的に財源として集めることができるか否かという観点から、収入項目を自主財源と依存財源に分類することができる。

自主財源は、地方自治体が独自に調達できる財源であり、地方税のほか、分担金・負担金、使用料・手数料、財産収入、寄付金、諸収入等がある。一方、依存財源には、国から交付されたり、割り当てられたりする財源であり、地方交付税、国庫支出金、地方債、地方譲与税、地方特例交付金などがこれにあたる。このうち、国庫支出金には、国からの交付金・補助金などが含まれ、市町村ではそれらに都道府県支出金も含まれる。都道府県支出金は、都道府県から市町村への交付金・補助金であるため、市町村のみに収入がある。また、東京都の場合には、特別区財

政調整交付金が都から特別区に交付される。特別区財政調整交付金は、かつては納付金と一対のものであり、財源超過の区（都心部の区等）は納付する制度もあったが、2000年の地方自治法改正により交付されるのみとなった。この制度は地方交付税制度と同様、財政調整制度ではあるが、地方交付税制度が国税の一部を地方団体に配分するものであるのに対し、本来区（市町村レベル）の財源であるべき市町村税を再配分の原資としていることが異なるものである。また、利子割交付金や地方交付税交付金等については、都道府県税の一部を市町村に配分したものである（東京都特別区の財政制度については、［解説：V-3］107ページ参照）。

　地方財政の収入を財源の使途の観点からみた場合には、小計までを一般財源として、その他を特定財源に分ける分類がある。一般財源とは、使途が特定されていない財源のことであり、地方税、地方交付税、地方譲与税等がある。一方、特定財源は、使途が明確に決められている財源であり、国庫支出金や地方債等がこれにあたる。収入に占める一般財源の割合からは、地域経済や自治体の財政状況に応じて柔軟に資源配分を行うことができるか否か、すなわち財政の硬直性をみることができる。一般財源が多い方が望ましいことになるが、一般財源といっても、地方税には目的税も含まれ、地方譲与税には使途が特定されているものも含まれる。

図表 I-1　地方財政の収入構造（2019年度決算）

（単位：10億円，%）

	都道府県		市町村		純計額	
地　方　税	20,704	40.7	20,507	33.4	41,211	39.9
地 方 譲 与 税	2,185	4.3	429	0.7	2,614	2.5
地 方 交 付 税	8,631	17	8,108	13.2	16,739	16.2
国 庫 支 出 金	5,925	11.6	9,824	16	15,749	15.3
都道府県支出金	−	−	4,166	6.8	−	−
地　方　債	5,601	11	5,295	8.6	10,870	10.5
そ　の　他	7,868	15.4	13,076	21.3	16,063	15.6
歳入合計	50,914	100	61,405	100	103,246	100

出所：総務省「地方財政統計年報」より作成。

② 地方税

　地方税は、税金のうち、地方自治体が賦課するものであり、地域住民や企業等から強制的に徴収する財源である。地方税法で標準税率や制限税率が規定され、条例によって超過課税等が設定されているものが一般的である。都道府県、市区町村が課税団体となっているが、一部に国が徴収する地方税もある。（地方税の体系については次章で詳述する）。

　日本の地方税は、地方財源として比較的優先順位は高く、運用上も全国的に統一化されているのが特徴である。イギリスでは、地方税は最初に考えるべき財源ではない。一般交付金、特定補助金等、他の財源を検討しつつ、最終的に不足する財源を住民から集める、いわば最後の手段として地方税がある。したがって、徴収すべき地方税の額、それに基づく地方税率は地方自治体によって全く異なる。税率が地方自治体によって異なる国々では、ある程度こうした傾向をもつ。このあたりは、複式予算制度をもち、経常予算について単年度で均衡をめざしていることと関係がある。

　一方、日本の場合、各収入源が別個に見積もられ、地方財政計画の中で、統一的に調整される。地方自治体側もこれまでは、他の自治体と大きく異なる税負担、税率を住民に求めることはしないし、サービスも一様であることが特徴であった。

　地方財政に占める地方税の割合は、長い間、35％を中心に、30％から40％の間で推移してきた。増税なき財政再建路線の中で、補助率カットが進められ、相対的に地方税のウェートが高まった昭和末期には40％を超えることもあったが、それを除くと、多くの期間この水準である。また、バブル崩壊後でも、地方税収の減少額はそれほど大きくはない。景気対策の多くが国税を通じたものであり、ピークの36兆円から32兆円へと落ちた程度で、減少幅としては10％強である。第二次分権改革の中では、国税と地方税の配分を6対4から1対1へ動かすことを目指していたが、2019年度決算では、国税の規模が62兆円（60.1％）、地方税の規模が41兆円（39.9％）となっている。

3 地方交付税

　地方交付税は、日本における中心的な財政調整財源である。戦後行財政改革の一環として実施されたシャウプ勧告により、1950年度に地方財政平衡交付金制度が導入され、現在の財政調整制度である地方交付税の基礎が作られた。地方財政平衡交付金制度は、合理的基準に基づき算定された、各地方団体の基準財政需要額から基準財政収入額を引いた額を全額国が補填するという、積み上げ方式の無限補助金の仕組みであり、財源保障機能を強くもったものであった。この配分については、中央・地方の代表者を含む地方財政委員会で実施されるといった、戦後民主主義改革としてかなり画期的内容ももっていたが、国の経済再建策の下では、財源をめぐって中央・地方の対立を生じさせたことで十分に機能せず、わずかな期間実施されたのみであった。

　1954年度に創設された地方交付税は、財政需要に基づいて財源不足額を算定する点では平衡交付金を踏襲していたが、交付税増額については、戦前の地方分与税を踏襲、国税の一定割合にリンクする方式に変わった。

　交付税総額は、1989年度の消費税導入まで所得税、法人税、酒税のいわゆる国税3税の一定割合であったが、その後、消費税と国税のたばこ税が加えられ、国税5税にリンクするものとなった。算定上の割合については、導入時から10年ほどは毎年のように引き上げられていたが、1966年以来、消費税導入時まで国税3税の32％に固定された。したがって、地方交付税導入後10年間程度の昭和30年代は、総額が動いたという点で、平衡交付金のなごりがあったともいえる。1998年度から消費譲与税に代わって地方消費税が導入され、2014年度からは地方法人税が導入されたことにともない、2021年度現在、地方交付税総額は、所得税及び法人税の33.1％、酒税の50％、消費税の19.5％、そして地方法人税の全額と法定加算分（別途法定された各年度の加算額）の合計額となっている。

　各地方団体への配分は、基準財政需要額から基準財政収入額を引いた財源不足額を補填するものである。基準財政需要額は、各行政項目毎に、測定単位×単位費用×補正係数によって計算される。消防費の場合、測定単位は人口、教育費では児童数など、単位費用は人口や児童一人当た

り単価、補正係数は、寒冷地、人口急増地等、地域特性による調整係数
となる。

　基準財政収入額は、地方税や地方譲与税から算定される地方税収等の
見積り額である。算定上、地方税収の一部をはずし、収入合計額を少な
く見積もることにより、交付税交付の可能性を増やし、地方団体の留保
財源としていきている。地方交付税の前身の地方財政平衡交付金を創設
した1950年、留保財源率は一律30％（したがって基準財政収入への算
入率は70％）であったが、基準財政需要額の算入範囲の拡大等に伴い、
道府県分については1953年度に20％へ、市町村分については1964年
度に25％に引き下げられていた。

　地方分権改革の中で、2003年度より、道府県分の留保財源率も25％
に引き上げ、市町村と同様となり、すなわち算入率が75％となった。
留保財源率の引き上げを行う場合は、引き上げ分見合いの基準財政需要
額を減額することとなる。その減額される需要額は、基準財政需要額に
よる財源保障から離れることとなり、各自治体の留保財源の規模に応じ
て、それぞれの自治体が対応すべき部分となる。

　地方交付税法第6条の3、第2項には、普通交付税の総額（法定率を
掛けたもの）と財源不足額が「引き続き」「著しく異なる」場合には、
地方財政若しくは地方行政に係る制度の改正又は交付税率の変更を行う
ものとなっている。それが継続する場合は財源保障機能を果たさなくな
るためである。「引き続き」とは、2年度間過不足の状態が続き3年度
以降もその状態が続くもの、「著しく異なる」とは、過不足額が交付税
額の1割程度以上になる場合とされている（岡本全勝『地方交付税－仕
組と機能－』大蔵省印刷局、1995年、77頁）。しかし、実際には交付
税率の変更は伴わず、毎年の地方財政対策で対応されてきたのである。

　結局、交付税論議は、需要調整をどう見るかである。財政調整を収入
力調整だけにしておいてよいかどうか。やはり、日本全国の住民が一定
のサービス水準を受けることができるよう、財源保障をきちんと見てい
くことが必要である。地方交付税の機能は財源調整と財保障であり、個
人の努力ではどうにもならない構造的な部分は、国が保障していかなく
てはならない。

4 地方譲与税

　日本における一般交付金（使途の特定されていない財政移転）として
は、現在、地方財政調整制度である地方交付税の他に地方譲与税もある。
　地方譲与税は、国税として徴収した特定の税を一定の基準、たとえば
自治体の人口、道路の延長、面積などに基づいて配分するものである。
1989年度から96年度までの消費税３％の時代には、消費税の５分の１
が消費譲与税とされていたため、地方譲与税収全体では２兆円規模で
あったが、97年度から、地方税として地方消費税が導入されるにあたっ
て消費譲与税は廃止され、2003年度まで５種類、計6,000億円程度に
止まることとなった。また、2004年より税源移譲に向けた暫定的措置
として、所得譲与税が導入されたため、地方譲与税は３兆7,000億にも
なったが、税源移譲実施により2007年度に再び7,000億円規模となっ
た。その後、2008年の法人事業税改革により、法人事業税の一部を分
離して地方法人特別税（国税）とし、その全額を地方法人特別譲与税と
して配分されていたが、2016年度の税制改正において地方法人特別譲
与税は廃止され、特別法人事業税（国税）と特別法人事業譲与税が創設
された。現在、以下７つの譲与税があり、総額２兆6,000億円規模であ
る。①地方揮発油譲与税（2009年度から道路特定財源の一般財源化に
よって地方道路譲与税の名称が改められた。国が地方揮発油税を徴収し、
その全額を都道府県・指定都市（100分の58）と市町村（100分の42）
に道路の延長、面積を基準に按分、交付される。）、②石油ガス譲与税（国
税の石油ガス税の２分の１を都道府県及び指定都市に道路の延長、面積
を基準に按分、交付される。）、③自動車重量譲与税（国税である自動車
重量税の1,000分の348（当面の間は1,000分の422）を市町村には道
路の延長、面積を基準に、都道府県には自家用乗用車の保有台数を基準
に按分、交付される。）、④特別とん譲与税（国税であるとん税とともに
特別とん税も徴収し、その全額を開港所在市町村に譲与する）、⑤航空
機燃料譲与税（国税である航空機燃料税の13分の２が空港関係の都道
府県（５分の１）、市町村（５分の４）に譲与される。空港周辺整備の
ための目的財源）、⑥特別法人事業譲与税（特別法人事業税の全額を人
口を基準として都道府県に譲与される。）、⑦森林環境譲与税（2024年

度から課税予定の森林環境税を人工林面積、林業就業者数、人口を基準として都道府県と市町村に譲与される。ただし、2019年度から2023年度は地方公共団体金融機構の公庫債権金利変動準備金を活用し、交付税及び譲与税交付金特別会計の借入金として定められた一定額を譲与する計画であったが、2020年度から、交付税特別会計における借り入れを行わず、地方公共団体金融機構の公庫債権金利変動準備金を活用することに変更された。）このうち、⑤⑦は使途が限定される特定財源である。

5　国庫支出金

　国庫支出金は、使途を限定して交付される特定補助金に分類される。国から地方への財政移転は、1977年度には国庫支出金が23.1％、地方交付税が16.8％とかなり国庫支出金の方が大きく、移転の中心は使途が決められた特定補助金であった。1987年度に両方とも16％台でほぼ並んだ後逆転し、その後財政移転の中心は地方交付税となっている。地方財政に占める地方交付税の割合にほとんど変化がない一方で、国庫支出金が大幅に下げているのである。国庫支出金の地方財政上の役割のみが落ちる形で、いわゆる特定補助金から一般補助金（交付金）への流れができている。

　地方財政法において国庫支出金は、国庫負担金、国庫委託金、国庫補助金に分類される。

　国庫負担金は、法令に基づく事務で国と地方の双方が負担の義務を負う場合に国が負担するものであり、①義務教育や生活保護関連などの一般行政経費にかかる負担金、②治水・治山、道路整備などの建設事業にかかる負担金、③災害復旧事業にかかる負担金に区分される。国が負担すべき割合は、地方財政法第11条において法律または政令で定めることとされており、例えば道路法第50条では、国道の新設又は改築に要する費用は、国がその3分の2を、都道府県がその3分の1を負担し、都道府県が当該新設又は改築を行う場合においては国及び当該都道府県がそれぞれその2分の1を負担するものとされている。

　国庫委託金は、国からの委託を受けて地方自治体が事務を行った際に国から支払われるものである。例えば国会議員の選挙や国勢調査のよう

に、専ら国の事務で国が全額負担を負う義務がある場合、かかる経費の全額が国から地方自治体に支払われる。

国庫補助金には、国が行政上の必要から地方自治体に対して任意に交付するものである。国がその施策を行うことを推進・奨励するために交付するものを奨励的補助金と呼び、特定の経費について財政負担の軽減を目的に交付するものを財政援助的補助金と呼ぶ。

図表I-2は2000年度以降の国庫支出金の状況を示したものである。2000年度から減少傾向にあったが、2010年度以降は15兆円程度で推移している。2019年度は15兆7,490億円であり、歳入純計額の15.3％となっている。

2019年度決算において、国庫支出金のうち交付額の割合が大きいものは、生活保護費負担金（2兆7,379億円、17.3％）、普通建設事業費支出金（1兆9,817億円、12.5％）、社会資本整備総合交付金（1兆7,735億円、11.2％）、義務教育費負担金（1兆5,300億円、9.7％）、障害者自立支援給付等負担金（1兆3,831億円、8.7％）であった。

国庫支出金は、全国的に一定水準の義務教育や生活保護といった公共サービスを保障し、災害復旧事業等に大きな役割を果たしてきた。しかし、交付権限を各省庁が保有しているため行政事務が縦割りであり、加えて交付条件が画一的であるために地方自治体の効率的な財政運営を歪めるといった問題点も指摘されている。

なお、近年の地方分権改革の中で、地方自治体の裁量の余地を拡げることを目的として、いくつかの特定補助金を一つにまとめて交付する交付金化が行われた。例えば、国土交通省は、公共事業関係の補助金を統合し、2010年度から社会資本整備交付金として交付している。この他、自治体の収入の中には様々な交付金がある。例えば、地方消費税交付金は、都道府県間で清算後の地方消費税額の半分を市町村に交付するものである。交通安全対策特別交付金は、交通違反に対する反則金をいったん国が徴収し、交通事故発生件数や人口等を基準として都道府県に交付するものであり、都道府県はそのうちの3分の1を市町村に同様の基準に基づいて配分する。

図表Ⅰ-2　国庫支出金の状況

（単位：百万円，％）

年度	都道府県		市町村		純計額	
2000	9,597,460	17.6	4,752,840	9	14,350,300	14.3
2005	6,583,560	13.5	5,194,525	10.3	11,778,086	12.7
2010	6,253,207	12.5	7,947,811	14.8	14,201,018	14.6
2015	6,264,362	12	8,922,311	15.2	15,186,673	14.9
2016	6,452,535	12.5	9,141,062	15.7	15,593,598	15.4
2017	6,043,818	11.9	9,385,655	15.7	15,429,473	15.2
2018	5,678,893	11.3	9,119,697	15.2	14,798,591	14.6
2019	5,925,150	11.6	9,823,742	16	15,748,892	15.3

出所：総務省「地方財政統計年報」より作成。

6 地方債

　地方債とは、地方自治体が行う借入金であり、その返済が1会計年度を超えて行われるものである。地方債の発行は、地方財政法第5条に規定されており、建設事業費や出資金、貸付金等に充てる場合にのみ起債が認められる。地方財政法第5条には「地方公共団体の歳出は、地方債以外の歳入をもつて、その財源としなければならない。ただし、次に掲げる場合においては、地方債をもつてその財源とすることができる。」とされ、国債と同様に但し書きにおいて発行が認められる。

　地方債の起債は、総務大臣等の許可を受けなければならないこととする許可制度が採られてきたが、国が起債の決定権を有することは地方自治への侵害であるという批判も多かった。そうした中、1999年に制定された地方分権一括法によって、自治体の自主性を高め、地方財源の保障や地方財政の健全性の確保等を図る観点から、国と地方自治体が協議を行うことを前提とする協議制の導入が決定され、2006年度から実施されている。ただし、図表Ⅰ-3に示されているように、赤字比率や実質公債費比率が一定水準を超える自治体は、従来と同じく総務大臣等の許可が必要となる。また、2012年度から、一定の要件を満たす自治体は、地方債を民間等資金によって発行する場合に限って協議を不要とし、事前に届け出ることで起債を可能とする事前届出制が導入されている。

　地方債残高は、2021年度末で193兆円程と見込まれており、その内訳は、交付税特別会計借入金残高（地方負担分）が31兆円、臨時財政対策債残高が55兆円、臨時財政対策債を除く地方債残高が91兆円等となっている。

　臨時財政対策債とは、2001年度から特別な立法によって例外的に認められている起債であり、地方財政計画上の通常収支の不足を補填するための、いわゆる赤字地方債である。

　1975年度の地方財政危機以来、バブルといわれた時期を除きほとんど毎年、地方財政対策として地方債の増発とともに地方交付税総額の積み増しが実施されてきた。長くとられた方法は、地方交付税譲与特別会計が資金運用部から借り入れを行い、地方交付税を増額するというものであった。ミクロの借り入れとしての地方債とマクロの借り入れとしての交付税特会借り入れにより、国の財政危機とともに地方財政危機も拡大した。平成不況下では、数兆円の借り入れが行われ、隠れ借金の一つともいわれてきた。その後、2000年度は民間からの借入れ、2001年度からの臨時財政対策債が発行され、交付税特会の借入れは廃止すること

図表 I-3　地方債起債手続き

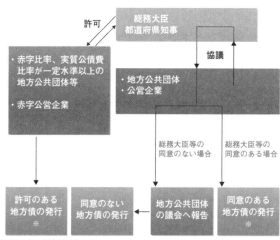

出所：総務省資料。

となった。臨時財政対策債は、交付税の財政不足に対応するため、各自治体が赤字地方債を発行し、後年の元利償還は100％交付税の基準財政需要額に算入されるものとなる。交付税特会借入れはなくなったが、臨時財政対策債もやがては交付税に振り替わる。この肥大化が問題となってきた。いたずらに将来世代に負担を先送りしているにすぎないといった批判もある。

▶ 3 地方財政の支出 ◀

1 支出の構成

　地方財政の支出は、〔図説：8 歳出構造〕でもみたように、経済的性質に着目して分類した性質別歳出と行政目的別に分類した目的別歳出に分けることができる。

　図表Ⅰ-4及び図表Ⅰ-5は、それぞれ性質別、目的別分類の2019年度決算における歳出の構成割合を表したものである。

　性質別歳出では、純計でみると人件費が大きな割合を占めているが、都道府県では補助費等が、市町村では扶助費が最大の支出項目となっている。

　補助費等は、公営企業会計（うち法適用企業）に対する負担金、市町村の公営事業会計に対する都道府県の負担金、様々な団体等への補助金等であるが、これらの経費は増加傾向にある。

　扶助費とは、社会保障制度の一環として、生活困窮者、児童、障害者等を援助するための支出であり、幼児教育・保育の無償化に伴う児童福祉費の増加等の影響により、これらの経費も増加している。

　目的別歳出では、純計でみると、民生費が最も大きな割合を占めているが、都道府県では、教育費の割合が最も高くなっている。これは、都道府県が義務教育教職員給与費の負担を負っていること、また、都道府県に公立高校が多いためである。

図表 I-4　地方財政の支出構造（性質別）

凡例：人件費　扶助費　公債費　普通建設事業費　補助事業費　単独事業費　その他投資的経費　その他の経費　補助費等　繰出金

区分	義務的経費 （49.7%）			投資的経費 （16.5%）				その他の経費		
純　計 99兆7,022億円	22.5%	15.0%	12.1%	15.5%	7.6%	7.0%	1.0%	9.7%	6.0%	33.9%
都道府県 49兆3,390億円	25.4	2.2	13.4	16.1	8.6	6.0	1.2	27.3	1.7	41.7
	（41.1）			（17.3）						
市町村 59兆4,363億円	16.7	23.3	9.3	13.7	6.1	7.3	0.8	7.4	8.7	36.2
	（49.2）			（14.5）						

出所：総務省資料より抜粋。

図表 I-5　地方財政の支出構造（目的別）

凡例：総務費　民生費　衛生費　農林水産業費　商工費　土木費　教育費　公債費　その他

区分	総務費	民生費	衛生費	農林水産業費	商工費	土木費	教育費	公債費	その他
純　計 99兆7,022億円	9.7%	26.6%	6.4%	3.3%	4.8%	12.2%	17.6%	12.2%	7.2%
都道府県 49兆3,390億円	6.3	16.6	3.2	4.9	6.1	12.0	20.6	13.5	16.8
市町村 59兆4,363億円	12.0	36.7	8.3	2.3	3.0	10.8	12.6	9.3	5.0

出所：総務省資料より抜粋。

2　性質別歳出と義務的経費・投資的経費

　性質別歳出は、地方自治体の財政運営を弾力性や健全性の観点から分析する上で重要となる区分であり、義務的経費、投資的経費、その他の経費に大別される。

　義務的経費とは、自治体に支出が義務付けられ、任意に削減することが難しい支出であり、人件費、扶助費、公債費から構成されている。人件費には、職員給、地方公務員共済組合等負担金、退職金、議員報酬等、委員等報酬等が含まれている。

　投資的経費とは、道路、橋りょう、公園、公営住宅、学校の建設等に

要する普通建設事業費、災害復旧事業費、失業対策費から構成されている。普通建設事業費には、国からの補助等を受けずに、独自の経費で任意に実施する単独事業、国から負担金又は補助金を受けて実施する補助事業がある。また、義務的・投資的経費以外の経費であるその他の経費には、物件費、維持補修費、補助費等、積立金、投資及び出資金・貸付金、繰出金等で構成されている。

図表Ⅰ-6は、性質別歳出状況を表したものである。

義務的経費の2019年度決算額は49兆5,111億円となっており、前年度と比べると4,047億円増加している。ただし、構成比は49.7%であり、前年度より0.4ポイント低下した。義務的経費構成比の内訳をみると、人件費が22.5%、扶助費が15.0%、公債費が12.1%であり、人件費と公債費が前年度より低下する中、社会保障関係費の増加等により扶助費が増加している。

投資的経費の2019年度決算額は16兆4,239億円であり、前年度と比べると6,203億円増加している。これは普通建設事業、とりわけ補助事業費の増加の影響が大きい。補助事業費7兆5,855億円は前年度と比べると8%増となっており、このうち、通常収支分の増加が大きく、東日本大震災分は前年度と比べると18.4%減であった。

図表Ⅰ-6　性質別歳出の状況

区　分	決　算　額			構　成　比		増　減　率	
	2019年度	2018年度	増減額	2019年度	2018年度	2019年度	2018年度
	億円	億円	億円	%	%	%	%
義　務　的　経　費	495,111	491,064	4,047	49.7	50.1	0.8	△ 0.6
人　　件　　費	224,568	224,660	△ 92	22.5	22.9	△ 0.0	0.0
扶　　助　　費	149,410	142,997	6,413	15.0	14.6	4.5	0.1
公　　債　　費	121,133	123,407	△ 2,273	12.1	12.6	△ 1.8	△ 2.4
投　資　的　経　費	164,239	158,037	6,203	16.5	16.1	3.9	4.2
普　通　建　設　事　業　費	154,164	147,644	6,520	15.5	15.1	4.4	3.1
うち｛補　助　事　業　費	75,855	70,252	5,603	7.6	7.2	8.0	△ 3.8
うち｛単　独　事　業　費	70,084	70,208	△ 124	7.0	7.2	△ 0.2	11.5
災　害　復　旧　事　業　費	10,075	10,392	△ 317	1.0	1.1	△ 3.1	23.0
失　業　対　策　事　業　費	0	0	△ 0	0.0	0.0	△29.4	△33.3
そ　の　他　の　経　費	337,672	331,105	6,566	33.9	33.8	2.0	△ 1.0
うち補　助　費　等	96,284	93,108	3,177	9.7	9.5	3.4	△ 5.4
うち繰　出　金	60,048	60,035	13	6.0	6.1	0.0	11.8
合　　　　　計	997,022	980,206	16,816	100.0	100.0	1.7	0.0

出所：総務省資料より抜粋。

3 目的別歳出と民生費・土木費・教育費・公債費・総務費

　目的別歳出は、予算及び決算の款・項の区分を基準としており、その使用目的によって、総務費、民生費、衛生費、労務費、農林水産費、商工費、土木費、警察費、消防費、教育費、公債費等に大別される。

　図表Ⅰ−7は、目的別歳出状況を表したものである。以下では、構成比が高い民生費、土木費、教育費、公債費、総務費についてみていく。

　民生費とは、児童、高齢者、障がい者等のための福祉施設の整備や運営、生活保護の実施等に要する経費であり、目的別歳出のうち最も大きな割合を占める。2019年度決算額は26兆5,337億円となっており、構成比は前年度より0.4ポイント上昇している。民生費の増加は、幼児教育・保育の無償化に伴う児童福祉費の増加、後期高齢医療事業会計、介護保険事業会計、国民健康保険事業会計への都道府県の負担金の増加、市町村では老人副費に係る繰出金の増加によるものである。

　教育費は、教育の振興と文化の向上を図るため、学校教育、社会教育等の教育文化行政に係る経費であり、2019年度決算額は17兆5,235億円となっている。学校のエアコン設備の設置等の影響により、前年度比3.8％増となった。また、内訳をみると小学校費が最も大きな割合（教育費総額の28.1％）を占め、教職員の退職金等の教育総務費（17.7％）、中学校費（15.8％）、高等学校費（12.6％）の順となっている。

　土木費とは、道路、河川、公園、住宅等の公共施設の建設、整備やそれにともなう施設の維持管理に要する経費であり、2019年度決算額は12兆1,274億円となっている。防災・減災、国土強靱化のための3か年緊急対策に基づく普通建設事業の増加等により、前年度比2.1％増となっている。

　公債費とは、地方債の元利償還と一時借入金利子の支払いに要する経費であり、2019年度決算額は12兆1,414億円となっている。前年度と比べると2,259億円減少している。臨時財政対策債元利償還額が増加したものの、建設地方債に係る元利償還額の減少幅の方が大きかったために全体としては減少している。

　総務費とは、一般管理的な事務や企画、財産管理、統計、徴税などの事務にかかる経費であり、2019年度決算額は9兆6,700億円となって

いる。社会資本整備のための基金積立金の増加等により、前年度比4.1％
増となっている。

　目的別歳出をみることは、各自治体の政策内容を大まかに捉え、重点
的な政策を把握するのに有用である。ただし、歳出額は、各自治体がお
かれた社会や経済的状況を背景としており、また行政の内容には法令等
によって細かく規定されている面もあることから、歳出額や構成比を単
純に比較することで自治体の行政運営の効率性等を判断するのは注意が
必要である。

図表Ⅰ-7　目的別歳出の状況

区　分	決　算　額			構　成　比		増　減　率	
	2019年度	2018年度	増減額	2019年度	2018年度	2019年度	2018年度
	億円	億円	億円	％	％	％	％
総　　務　　費	96,700	92,860	3,840	9.7	9.5	4.1	1.8
民　　生　　費	265,337	256,659	8,677	26.6	26.2	3.4	△ 1.2
衛　　生　　費	63,540	62,367	1,173	6.4	6.4	1.9	△ 0.4
労　　働　　費	2,443	2,488	△　45	0.2	0.3	△　1.8	△ 5.3
農 林 水 産 業 費	33,192	32,517	676	3.3	3.3	2.1	△ 1.4
商　　工　　費	47,821	47,603	218	4.8	4.9	0.5	△ 2.9
土　　木　　費	121,274	118,806	2,468	12.2	12.1	2.1	△ 0.3
消　　防　　費	20,920	20,012	908	2.1	2.0	4.5	△ 0.3
警　　察　　費	33,558	32,982	576	3.4	3.4	1.7	1.2
教　　育　　費	175,235	168,782	6,453	17.6	17.2	3.8	△ 0.1
公　　債　　費	121,414	123,674	△ 2,259	12.2	12.6	△　1.8	△ 2.4
そ　　の　　他	15,588	21,456	△ 5,869	1.5	2.1	△ 27.4	51.4
合　　　　計	997,022	980,206	16,816	100.0	100.0	1.7	0.0

出所：総務省資料。

▶ 4 財政運営の状況 ◀

1 決算収支

　決算収支は、〔解説：Ⅶ 地方自治体の財政分析〕（142ページ参照）
でもみるように財政運営の結果であり、実質収支、単年度収支、実質単
年度収支で適正に財政運営が行われたかを検証する。個別自治体では、
実質収支比率を指標として、３％から５％程度であれば収支は均衡して
いると評価される。

図表Ⅰ-8　地方財政の収支状況（2020年度決算）

区　分	決　算　額		増　減　額
	2020年度	2019年度	
実　質　収　支	2兆7,274億円	2兆1,595億円	5,679億円
単　年　度　収　支	5,680億円	1,774億円	3,907億円
実質単年度収支	2,485億円	779億円	1,705億円

出所：総務省資料。

2 財政構造

　財政構造の状況を経常収支比率と実質公債費比率でみよう。経常収支比率は、経常的経費に充当された経常財源の割合であり、比率が低いほど財政構造の弾力性が高いことを示す指標である。既述のように、社会保障関係費が年々増加して経常収支比率は90％を超えて高止まりしている。2020年度決算では93.8％で過去5年間では最も高く硬直化が地方財政全体では進んでいることを示している。

　実質公債費比率は、地方債の返済に係る負担の程度を表した指標であり、比率が低いほど返済の負担が軽く弾力性は高い。最近は地方財政全体で社会保障関係費の伸びで公共事業費が抑えられているため地方債の発行が少なく、比率は年々低下して財政構造上では弾力性は高くなっている。しかしインフラの老朽化を早急に改善しなければならず、公共事業費を厳しい財政運営の中でどう確保していくかも大きな問題である。

図表Ⅰ-9　財政構造の状況

〈経常収支比率の推移〉

93.4　93.5　93.0　93.4　93.8

2016　2017　2018　2019　2020（年度）

〈実質公債費比率の推移〉

9.3　8.8　8.4　8.0　7.8

2016　2017　2018　2019　2020（年度）

出所：総務省資料。

Ⅱ
予算の制度と議論

▶ 1 予算の制度 ◀

1 国の予算と地方財政

　国の予算は、毎年7月頃に概算要求基準を決めて、通常は8月末までに各省庁の概算要求を財務省がとりまとめて12月に財務省原案が発表され、その後に閣議決定を経て政府予算案（一般会計・特別会計歳入歳出予算等）として翌年の通常国会で審議される。同時に、地方財政の収支見積もりである地方財政対策が発表され、その後に地方財政計画として国会に提出される。〔図説：1 国と地方の財政関係〕（12ページ参照）

　国の予算は、歳入は租税（国税）で賄うのが原則であるが、歳出に不足するため公債（国債）を発行して補完している。かつては、歳入の多くの割合を租税で賄っていたが、2022年度予算では約6割ほどである。他方歳出は、近年は社会保障関係費が3割を超えて増え続け、国債残高が膨れて公債費も増加傾向にある半面、投資的経費は減少している。

　地方財政は、近年は地方財政対策で財源不足が見積もられ、国からの財源移転が行われて、全ての国民にナショナル・ミニマムの行政サービスが提供できるよう財源補障している。財源保障は、一般財源として不足する分を地方交付税交付金として支出され、国の事務事業を実施するための財源として国庫支出金が支出される。

　国の予算には地方財政収入の約3割が計上されるため、地方財政にとって毎年度の国の予算は重要である。

2 予算の規定と機能

　予算とは、一定期間における政府の歳入と歳出の計画表であり、実質的には政治的・民主的に決定された政策の具体的な見積書である。予算

は多くの国では法律（歳入歳出法ないしは歳出法）として成立するが、わが国では法形式をとらず議会の議決により成立する。予算が歳出法のみであるのは、歳入は見積もりであって税収は税法の改正で決められるからである。

予算の法規定については、憲法第7章「財政」（第83条〜91条）にある。第83条【財政処理の基本原則】国の財政を処理する権限は、国会の議決に基づいてこれを行使しなければならない。第84条【課税】あらたに租税を課し、又は現行の租税を変更するには、法律又は法律の定める条件によることを必要とする。第86条【予算】内閣は、毎会計年度の予算を作成し、国会に提出して、その審議を受け議決を経なければならない。

憲法を受けて、財政法第14条【歳入歳出予算】歳入歳出は、すべて、これを予算に編入しなければならない。また地方自治体については、地方自治法第3章「予算の編成」、第4章「予算の執行等」、第9章「財務」などに予算関連の規定がある。

次に予算の機能については、以下があげられている。

①議会による民主的統制機能：財政民主主義の根幹としての機能であり予算は全て議会での議決が求められている。

②行政に対する財政統制機能：議決された予算は行政へ執行権が付与され、歳出予算にしたがって支出が義務付けられる。

③民間経済に対する経済政策機能：予算は政策の見積もりであり執行することで政策が実現される。

3 予算の種類

①一般会計と特別会計

地方自治体の予算には、一般行政サービスに係る収入と支出を経理する一般会計予算と、特定の収入で支出を賄う特別会計予算がある。自治体の予算は、そのすべての歳入と歳出が1つの会計に計上されることが望ましい（単一性の原則）のであるが、現代では自治体活動の多面化にしたがい、一般会計から切り離した別会計で処理する必要が生じている。

自治体が特定の事業を行う場合や特定の歳入をもって特定の歳出にあ

て一般の歳入・歳出と区分して経理する必要がある場合に設置されるのが特別会計である。特別会計は、その設置が法令（地方公営企業法第17条、地方財政法第6条、国民健康保険法第10条、老人保健法第33条など）で義務付けられているものと、自治体が条例により任意で設置するものがある。特別会計の中で特にその経費が当該事業経営収入をもって充てられる（独立採算制）ものを、公営企業会計予算といい、これはさらに、地方公営企業法の適用を受けるもの（法適用企業）と同法の適用を受けないもの（非適用企業）とがある。

　近年、これらの特別会計が細分化・増加の傾向をみせているが、このことは、予算全体の統一的把握を困難にし、住民＝議会による統制を弱める懸念がある。特別会計は、特定の事業を一般会計から別個に経理したり、特定の財源を特定の収入源にリンクさせたりする場合に設置されるものである。地方公営企業法、地方財政法、国民健康保険法、老人保健法などで義務付けられたものの他、自治体が条例で独自に置くものがある。特別会計のうち、その経費が事業収入によって調達され、独立採算制をとるものを公営企業会計予算としている。

　上下水道や都市交通のような地方公営企業は、事業の公共性を重視するならば、料金は安い方がよいということになり、独立採算にはこだわるべきではなく税を投入すべきとの考えもあるが、経営の観点からいえば、適正な料金、適正なサービスを実施し、会計の独立性を維持すべきということになろう。しかし、より重要な観点は、その事業が住民にとって極めてスタンダードなものかどうか、生活に欠かせないものであるのか、料金が生活を圧迫する恐れがあるかどうか、などを慎重にみておくことである。

②通常予算と補正予算

　予算は事前決定の原則（地方自治法第211条第1項「予算の事前議決」）に基づき会計年度開始前に審議・議決しておくことが定められているが、ここで成立した1会計年度を通ずる予算を通常予算と呼ぶ。一般的には、当初予算と呼ばれる。

　これに対して補正予算は、会計年度開始後に生じた事由に基づいて、

既定の予算に追加その他の変更を加える予算のことである。

　自治体の予算は、国庫支出金、地方交付税などの国からの収入に大きく依存している。予算編成段階では、これらの依存財源の見込額が不確実であるため、相当回数の補正予算が組まれるのが実態である。自治体の1会計年度の財政運営全体を見通すという観点からみても、問題のあるところである。

　この他、年度開始前までに何らかの事由により予算の成立が見込めない場合、必要に応じて1会計年度のうちの一定期間にかかわる予算を作成するが、これを暫定予算という。暫定予算には、必要最小限度の経費が計上されるべきであり、それは当該年度の予算（本予算）が成立した時には、これに吸収されることになる。また、自治体の長・議員の改選が行われるなどの事情のもとで、政策関連の経費を除き義務的経費を中心に予算の作成が行われる場合、これを骨格予算と呼ぶ。あとで政策関連の経費が組み込まれた時には肉付予算という。

▶ 2　予算の原則 ◀

1 財政民主主義の原則

　予算は、形式的側面からみれば、自治体の一定期間における支出及び収入の見積もり（書）である。また、本来、近代財政が国民による国家権力への統制手段として発達してきたという視点からみれば、自治体の予算は、住民＝議会による自治体への統制手段ということができる。このように、予算は、一面では一定期間における自治体の貨幣の取得（税金など）とその支出（各種行政サービスの提供）という貨幣の流れとして把握できる。しかし予算のもつ重要な意義は、その政治的側面でこの財政民主主義の諸原則の保障というところにある。

　財政民主主義の諸原則を保障する政治制度は、近代的議会制度にその基礎をおいている。そして、国民の財政統制権ないしは予算統制権は、この近代的議会制度の発達に伴い確立・拡充されるのであるが、それはさらに、議会制民主主義のあり方に規定されている。

　そこでは、租税承認権、経費支出承認権、予算議定権、決算承認権などを内容とする財政権を国民に保障する諸原則の確立が重要な課題となっていた。これらの権利を保障する原則・制度は、現代では租税法律主義、予算書あるいは決算書による議会の承認という形で法体系が確立している。

　わが国においては、国の財政については、憲法第7章「財政」、財政法（予算その他財政の基本に関する規定）、会計法（歳入・歳出などに関する技術的規定）などがあり、地方自治体の財政については、憲法第8章「地方自治」、地方自治法（とくに第9章「財務」の諸規定）、地方財政法（地方財政の運営、国と地方の財政関係に関する基本原則の規定）などにより、財政民主主義の諸原則が法制化されている。

2 予算原則

　予算の主要な機能は、国民（住民）＝議会による行政権力への民主的統制にあることはすでに指摘した。その際の予算制度はどうあるべきかを提言したものが予算原則である。予算原則については、多くの学者により主張されているが、以下ではノイマルク（F. Neumark）の原則を中心に検討する。

①完全性の原則

　予算の内容に関する原則で、すべての収入と支出を完全に計上しなければならないということである（総額予算主義）。すなわち、相互に関係のある収入と支出をそれぞれ控除した純額（純額主義）で計上してはならないということである。

　わが国の場合、財政法第14条「歳入歳出予算」、自治体予算に関しては、地方自治法第210条「総計予算主義の原則」に規定されている。

②単一性の原則

　予算の形式に関する原則で、すべての収入と支出は一つの予算に計上しなければならないということである。複数、多数の予算は財政収支全体の把握を困難にし、その結果、国民（住民）による統制機能を妨げる

ことになる。単一性の原則に関するものとしてノン・アフェクタシオン（目的非拘束）の原則がある。これは特定の収入が特定の支出に拘束されてはならないとする原則である。現行の予算制度は、国・自治体ともにかなりの数の予算が存在し、この点からも検討すべき課題となっている。

　財政法第13条第2項、地方自治法第209条第2項の「単一予算主義の原則」の規定。

③明瞭性の原則

　これも予算の形式に関する原則で、収入と支出の分類、それぞれの項目の内容が明瞭に理解できるよう表示されなければならないという原則である。

　財政法第23条「予算の部款項の区分」、地方自治法第216条「歳入歳出予算の区分」においてそれぞれ規定されている。

④厳密性の原則

　予算の準備に関する原則で、収入と支出は可能な限り正確に見積もらなければならないということである。すなわち、予算額と決算額とを一致させることは不可能にしても、その差額は可能な限り小さくしなければならないことが求められているのである。

⑤事前性の原則

　予算の準備に関する原則で、予算は次の会計年度の始まる前に、議会により承認されていなければならないのである。予算は、国民（住民）の行政権力に対する統制手段であるから、事後的承認ということになれば、この統制権の機能は失われることになる。会計年度開始前の承認が困難な場合には、今日では暫定予算という措置がある。

　財政法第27条「予算の国会提出」、地方自治法第211条第1項「予算の事前議決の原則」の規定がある。

⑥限定性の原則

予算の執行に関する原則で、これはさらに（1）質的限定＝費目間流用禁止、（2）量的限定＝超過支出禁止、（3）時間的限定＝会計年度独立、の3つの内容から成り立っている。

(1) 費目間流用禁止：承認された費目が行政当局により目的外に支出されたとすればそれは議会のもつ財政統制権の侵害となる。

(2) 超過支出禁止：承認された金額以上の支出を禁止するもので、その根拠は費目間流用禁止と同じである。

(3) 会計年度独立：経費の支出は承認された期間内に行われるべきであって、会計年度をまたいではならないという原則である。会計年度は通常1年間とされるので、この原則は単年度の原則ともよばれる。

国の予算について、は財政法第32条「予算の目的外使用の禁止」、同法第33条「予算の移用、流用禁止」、同法第11条「会計年度」、同法第12条「会計年度の独立」、自治体の予算については、地方自治法第220条第2項「費目間流用禁止」、同法第208条および第220条第3項「会計年度独立の原則」の諸規定がある。

⑦公開制の原則

予算の編成・審議・執行・決算の全課程に関する原則である。財政民主主義の根幹をなす予算は、その全過程が国民（住民）に公開されなければならない。財政の民主的統制手段としての予算は、それが公開されることにより、その諸機能が保障されるのである。

憲法第91条「内閣の財政状況報告」、財政法第46条「財政状況の報告」、地方自治法第219条第2項「予算の報告及び公表」に公開に関する諸規定がある。

3 予算の構成

地方自治法第208条では、会計年度を4月1日から翌年3月31日までの1年間とし、各会計年度における歳出はその年度の歳入をもってこれに充てなければならないと定めている。

そして、同法第215条において、予算の内容を以下のように規定している。

①歳入歳出予算

予算の基本をなすもので、1年間の収入と支出の金額が計上されている。狭義の予算という場合、この歳入歳出予算をさす。

歳入予算は単なる見積もりに過ぎないが、歳出予算は議会の議決により拘束されている。歳入予算についてはその性質に従い、歳出予算についてはその目的に従い、それぞれ款・項に区分され、これを議決科目という。

②継続費

その履行に数年度を要する事業については、その経費の総額及び年割額を前もって議決しておき、各年度毎に年割額を計上するのが継続費である。単年度の原則からみてそれが濫用されないよう統制が必要である。

③繰越明許費

歳出予算の経費のうちその性質または予算成立後の事由に基づいて、年度内にその支出が終わる見込みのないものについて、前もって議決しておき翌年度に繰り越して使用できる経費を繰越明許費という。年限が翌年度まで、所要の財源も合わせて繰り越すという点で継続費とは異なっている。しかし、継続費と同様単年度の原則の例外的支出方法である。

④債務負担行為

自治体が歳出予算、継続費、繰越明許費に定められている場合を除いて債務を負担する行為を行うときは、予算で債務負担行為として定めておく必要がある。債務負担行為の目的は、債務だけを負うことであり、その実際の支出は翌年度以降に行われる。

⑤地方債

　自治体が歳入不足を補うために1会計年度を超えて行う借入れを地方債という。地方債の起債の目的、限度額、起債の方法、利率及び償還の方法は予算で定めることになっている。

⑥一時借入金

　地方債と同様自治体が歳入不足を補うために行う借入れであるが、当該年度内に返済されるものを一時借入金と呼ぶ。一時借入金の最高額は、予算で定めることになっている。

⑦歳出予算の各項の経費の流用

　すでに指摘したように、歳出予算は款・項に区分されており、これは議決科目として流用が認められていない。しかし項については、予算の執行上必要がある場合に限り、予算の定めにより流用することができることになっている。

4 予算の循環過程

　予算は自治体の一定期間における支出及び収入の見積もり（書）であるが、各年度の予算は、編成－審議－執行－決算という過程で循環している。

①予算の編成

　自治体の予算編成権は、その首長（知事・市町村長）にある。首長は、毎会計年度予算を作成（調製）し、年度開始前に議会の議決を経なければならない。この場合、都道府県及び政令指定都市においては30日、その他の市及び町村においては20日までとされている。

　首長は予算編成にあたり、まず編成方針を決定するが、各部局課はこの方針に基づき財政担当課に予算要求を行う。次に、財政担当部課は、この予算要求について説明を受けながら査定を行い最後に首長が決定する。査定終了後、予算書を作成し議会に提出するがその際、予算に関する説明書を合わせて提出する。

②予算の審議

予算書が議案として議会に提出されると（予算の提案権は首長にしか認められていない）、議会はこれを審議・議決しなければならない。予算の審議は、長による提案理由説明から行われ、一般議案と同様、総括質問－委員会付託－委員会の審査結果報告－本会議における討論－議決という手続きがとられる。予算の議決については、増額修正あるいは減額修正があるが、増額修正をする場合は、長の予算提案権を侵してはならないという制限がある。

予算について議決がなされたときは、議会の議長は３日以内に長に送付する。送付を受けた長は、再議その他の措置をとる必要がない場合は自治大臣（都道府県）、あるいは知事（市町村）に報告をし、その要領を住民に公表しなければならない。

③予算の執行

予算が成立すると次は歳入予算・歳出予算の執行過程に入るが、予算の執行権は各自治体の長に属している。歳入予算は、単なる見積もりに過ぎず、それを構成している収入は、具体的には地方税法、関係条例により、あるいは依存財源（国庫支出金、地方交付税など）については国の予算・法律・政令によっている。これに対して歳出予算は拘束力をもち、経費の支出を行う場合は、その目的、金額、時期などについて予算又は法令の定めに従わなければならないのである。

予算の執行に関しては、自治体の長の専決処分（議会を招集する暇がない時、議会において議決すべき事件を議決しない時）、目・節（執行科目）間の流用、事故繰り越し（避けがたい事故のため年度内に支出を終わらなかったものの翌年度への繰り越し使用）、などの点は検討を要する課題といえよう。

④決算

１会計年度の歳入歳出予算の執行の結果を計数的にまとめたものを決算と呼ぶ。決算過程は、出納帳（都道府県）または収入役（市町村）による作成－監査委員の審査－議会の認定－自治大臣（都道府県）または

知事（市町村）への報告と住民への公表、という手順をとって行われる。

　決算作成の時期は、出納閉鎖（5月31日）後3か月以内（8月31日まで）に行われ、証書類その他の附属書類と合わせて首長に提出される。長は提出された決算及び前記書類を監査委員の審査に付し、監査委員の意見を付けて評議会の認定に付さなければならない。その際、長は当該会計年度における主要な施策の成果を説明する書類を合わせて提出しなければならないと規定されている。

　議会の認定は、法的にみて決算の効力に影響はないとされているが、本来予算そのものが住民＝議会の統制手段として存在し、決算がその統括とするならば、議会の認定を単に形式的側面からみるだけでは不十分であろう。すくなくとも議会の認定を通じて首長の政治的道義的責任を明確にすることが必要であり、監査委員のあり方を含め、議会による認定の機能を強めることが必要と思われる。

▶ 3　予算制度の問題と改革 ◀

1 増分主義等からの脱却

　「増分主義」、すなわち前年度までの予算配分を前提に、上乗せ調整していく形で予算配分する方式は、長い間大きな問題として意識されてきたが、未だ十分な解決法を見出せずにいるところもある。選挙を意識した政治的圧力や利害関係、縦割り行政がその理由としてあげられ、とくに、公共事業関係の予算で顕著な傾向がみられてきた。

　そのため予算の限度額を予め決めておくシーリング方式は、それぞれの予算項目について一律カットを行うなど、ある程度の効力を発揮してきた。また個別項目を事業評価をもとに成果主義を導入して、予算の効率化を進める取組みなども実施されてきた。さらに予算を一から見直す「ゼロベース予算」、予算の有効期限を切る「サンセット方式」、中長期の目標、代替的方策を明らかにした上で、費用、便益を分析する「PPBS」などが、これまで検討されてきた。また、予算編成に際して、ボトムアップではなく、トップダウンを進めることによって、予算にメリハリを付

ける試みも行われてきた。首長も含めた各部局の責任者がいわば取締役
会のように、議論を戦わせ、予算獲得努力をするということである。決
定までの時間は長くなる傾向にはあるが、期待がもたれた。

② 計画と予算

　自治体で策定されている、長期の基本構想やそれに基づく中期的総合
計画は、必ずしも、各年度の予算に十分に反映されているとはいえない
ところがある。中期計画の内容については、事業展開の部分を中心とし
ており、財源の裏付けが十分でなく、歳出から歳入を引いて赤字となっ
ても要調整として残されるケースがみられる。歳出増についての財源確
保、歳入減に対する歳出カット、アメリカのpay-as-you-go原則のよ
うには、明確に行われてきたとは言い難いところがある。また、計画の
進捗状況が、単に、目標に対する進捗率で示されるのみで、それが住民
生活にどのような影響があるのか、時代の変化とともにどう変化してき
たのかについて、十分な検討がなされなかったところもある。

　計画行政では、不断の再評価を自治体内部、外部監査、さらに住民参
加を求めて実施することが必要である。予算執行の妥当性と予算内容の
妥当性が、様々な回路で議論されていくことが望ましい。

③ 予算の効率化：予算マネジメント

　公共部門の行財政改革の考え方として、新公共経営論（NPM）がわ
が国では1990年代から取り入れられ、公共事業の民営化や行政評価が
始められた。予算については前述のような問題が指摘されてきたが、
NPMの考え方は民間の予算マネジメントを参考に、事業評価とともに
政府の予算マネジメントの議論と導入が試みられてきた。

　図表Ⅱ-1は、業務の効率化を目指すPDCAサイクルを予算マネジメ
ント・サイクルとして示したものである。現行制度の予算は、単年度主
義であるので、予算は執行され決算で終了する。しかし予算マネジメン
トでは、決算について事業評価を行い、その評価結果をもとに次年度の
予算編成に反映させる。事業評価の結果、成果のない事業や事業効率の
低い事業については、廃止ないしは事業方法の変更をとおして、予算の

効率性を高めるという考えである。

　図表Ⅱ-2は、財務省が予算マネジメントによる予算編成の取組み過程を示したものである。実際に2014年度から「予算編成におけるPDCAの取組み」が公表されている。決算評価のCheckでは、国会の決算検査、会計検査院の決算報告、予算執行調査による見直しで削減された反映額が示される。しかし2022年度予算に反映された削減額は100億円にも満たず、予算規模106兆円に比べてあまりにも少額である。

図表Ⅱ-1　予算マネジメント・サイクル（PDCAサイクル）

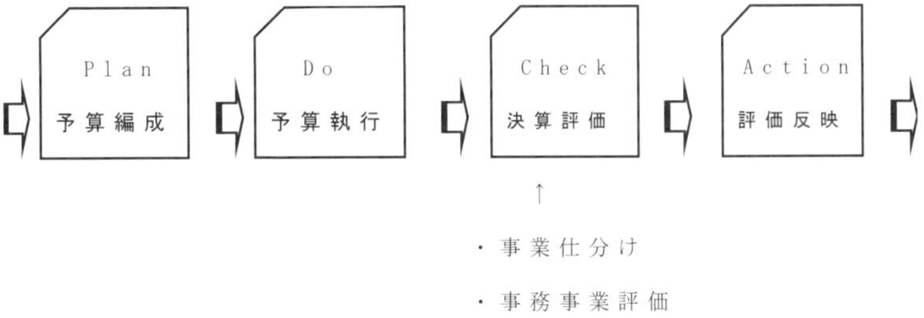

図表Ⅱ-2　財務省が示している予算マネジメント

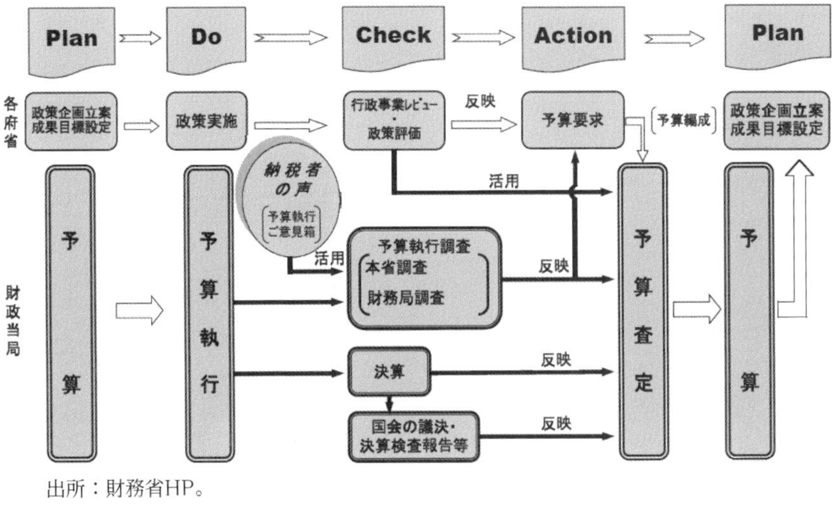

出所：財務省HP。

　PDCAサイクルは、わが国の民間企業で開発された事業遂行の効率化のツールである。民間企業であれば事業の見直しとカイゼンは必須であり、サイクルが機能する環境にある。しかし政府の予算サイクルでは、予算は財政民主主義という大前提があり、予算の決定に際して事業評価に基づいて決定することになれば、この大前提を否定することにもなりかねない。もちろん参考にすることは必要であろうが、民間のように経営的評価で事業（予算）を決定することは、公共性が優先する政府の予算では難しいところもあり、また法的制度としては存在しない。それゆえ政府の予算マネジメントは考え方としては参考になっても、実際に機能させることは難しいのが現状である。

Ⅲ
地方税の制度と検証

▶　1　地方税の体系　◀

　地方税とは、地方税法に定められている法定税であり、都道府県と市町村がそれぞれ課税団体となって徴収する道府県税と市町村税がある。ここで道府県税として東京都が除かれているのは、東京都は特例として、特別区の区域において、道府県税である税の全部の他に市町村税である市町村民税（法人分）、固定資産税、事業所税なども徴収するため他の道府県とは異なる税制のため東京都を含めていない。地方税は法定税の他に、地方自治体が条例で法定税以外の税を定めて課すこともでき、これを法定外税（産業廃棄物税、宿泊税等）という。

　図表Ⅲ-1は、地方税の体系を示したものである。地方税は道府県税と市町村それぞれ使途が特定されない普通税と使途が特定された目的税に分類される。道府県税では道府県民税（住民税）と事業税、市町村税では市町村民税（住民税）と固定資産税がそれぞれ主要な税収を上げている。税目別の税収をみよう。図表Ⅲ-2は、2020年度決算で国税を含めて課税ベース別に税収とその割合を示してある。租税収入の国税と地方税の配分は〔図説：3 租税収入の国と地方の配分〕に示してあるように、総額は105.8兆円（特別会計分含む）であり、そのうち地方税収総額は40.8兆円（38.6％）、そのうち道府県税収入額は18.4兆円（17.4％）、市町村税は22.5兆円（21.2％）である。税目別の内訳では、道府県税では道府県民税、事業税、地方消費税、市町村税では市町村民税と固定資産税がそれぞれ大きな割合を占めている。課税ベースでは、道府県税は事業税と道府県民税の所得課税が最も多く、地方消費税の消費課税も多い。市町村税は市町村民税の所得課税が多いが固定資産税の資産課税が市町村税収の半分を占めて多い。

　地方税の税率は、地方自治体が条例によって独自に定めることができるが、その場合、地方税法の規定に従わなければならない。地方税法では、国民の総合的な税負担や国の経済政策等との関連から、税目によっては、税率が規制されている。通常のよるべき税率として標準税率があり、条例に基づき標準税率を超えて課税すること（超過課税）も可能だが、超えてはならない税率（制限税率）が設けられている場合もある。また、それ以外の税率では課税できない一定税率が定められている税目もある。

　2021年度4月1日現在、超過課税の状況をみると、道府県民税の法人均等割で超過課税を実施しているのは35団体であり、法人税割では静岡県を除く全都道府県となっている。市町村民税では、個人均等割で2団体、所得割で1団体（兵庫県豊岡市）しか実施されていないのに対して、法人均等割が390団体、法人税割が1,013団体となっており、超過課税が法人を中心に適用されていることがわかる。

図表Ⅲ-1　地方税の体系

地方税	道府県税	普通税	道府県民税 事業税 地方消費税 不動産取得税 道府県たばこ税 ゴルフ場利用税等	軽油引取税 自動車税 鉱区税 道府県法定外普通税 固定資産税（特例分）　等
		目的税	狩猟税 水利地益税　　等	道府県法定外目的税
	市町村税	普通税	市町村民税 固定資産税 軽自動車税 市町村たばこ税　等	鉱産税 特別土地保有税（課税停止） 市町村法定外普通税　等
		目的税	入湯税 事業所税 都市計画税 水利地益税　　等	共同施設税 宅地開発税 国民健康保険税 市町村法定外目的税　　等

出所：総務省資料より作成。

図表Ⅲ-2 地方税の課税ベース別税収割合

（　）内は、令和2年度決算額。単位:兆円

		所得課税	消費課税	資産課税等	計
国		所得税 (19.2) 法人税 (11.2) 等	消費税 (21.0) 揮発油税 (2.1) 酒税 (1.1) たばこ税 (0.8) 自動車重量税 (0.4) 等	相続税 (2.3) 等	
		個人(30.2%) 法人(22%)			
		52.2% (33.9兆円)	42.8% (27.8兆円)	5.0% (3.2兆円)	100.0% (64.9兆円)
地方	道府県	法人事業税 (4.1) 個人道府県民税 (4.9) 法人道府県民税 (0.5) 道府県民税利子割 (0.0) 個人事業税 (0.2)	地方消費税 (5.4) 自動車税 (1.6) 軽油引取税 (0.9) 道府県たばこ税 (0.1) 等	不動産取得税 (0.4) 等	
		個人(28.1%) 法人(25.2%)			
		53.4% (9.8兆円)	44.3% (8.1兆円)	2.4% (0.4兆円)	100.0% (18.4兆円)
	市町村	個人市町村民税 (8.4) 法人市町村民税 (1.8)	市町村たばこ税 (0.8) 軽自動車税 (0.3) 等	固定資産税 (9.4) 都市計画税 (1.3) 事業所税 (0.4) 等	
		個人(37.5%) 法人(8.1%)			
		45.6% (10.2兆円)	5.0% (1.1兆円)	49.4% (11.1兆円)	100.0% (22.5兆円)
	計	49.1% (20.0兆円)	22.7% (9.2兆円)	28.3% (11.5兆円)	100.0% (40.8兆円)
計		51.0% (53.9兆円)	35.0% (37.1兆円)	14.0% (14.8兆円)	100.0% (105.8兆円)

（再掲）

	所得課税	消費課税	資産課税等	計
国	62.8%	75.0%	21.9%	61.4%
道府県	18.2%	21.9%	3.0%	17.4%
市町村	19.0%	3.0%	75.2%	21.2%
地方	37.2%	25.0%	78.1%	38.6%
計	100.0%	100.0%	100.0%	100.0%

(注) 1 国税は特別会計分を含み、地方税は超過課税分及び法定外税を含む。
　　 2 国税は地方法人特別税及び特別法人事業税を含み、地方税は特別法人事業譲与税を含まない。
　　 3 下線を付した税目以外の地方税目は課税標準が国税に準拠又は国税に類似しているもの。
　　 4 表中における計数は、それぞれ四捨五入によっており、計と一致しない場合がある。
　　 5 計数は精査中であり、異動する場合がある。

出所：総務省資料。

▶ 2 地方税原則と望ましい地方税 ◀

1 地方税原則

　租税を賦課徴収するに際して、望ましい税体系を考える指針として租税原則がある。古くはアダム・スミスの①公平性、②明確性、③便宜性、④最小徴税費の4原則がある。今日でも課税の公平性は最も重要な原則であるが、経済社会との関係で中立性も重要な原則としてあげられ、政府税制調査会「抜本的な税制改正に向けた基本的考え方」（2007年）では、①公平、②中立、③簡素をあげている。

　地方税においても租税原則を指針として税体系を考えなければならないが、地方税体系を考える場合に地方税原則が示されている（自治省財

政局編『地方財政のしくみとその運営の実態』地方財務協会、1987年）。ただしこの原則は、理論的な根拠をもったものではなく、地方税を選択する際の指針のような性格のものである。列挙された地方税原則は以下の7つである。

①収入が十分なものであり、かつ、普遍性があること

②収入に安定性があること

③収入に伸張性があること

④収入に伸縮性があること

⑤負担分任性があること

⑥地方団体の行政又は施設に関連性（応益性）があること

⑦自主性

　これらの地方税原則から導かれる地方税目は、①は住民税、固定資産税等、②は固定資産税、たばこ税、自動車税等、③は住民税、事業税、不動産取得税等、④は法定外普通税等、⑤は住民税、⑥は事業税、固定資産税等とされる。

　ただし、地方税原則のうち②と③の安定性と伸張性は相互に矛盾する原則であるが、ここで重要なことは、地方財政は住民に公共サービスを恒常的安定的に提供する責務があることから、地方自治体の税源は普遍性と安定性が求められよう。税源が地域的に偏ることなく普遍的にあり、安定的に収入しうる税は地方財政にとって重要である。また地方自治の観点からは、負担分任性と自主性も欠かせない。

2 地方税原則の検証：安定性

　前述の地方税原則について、税収の安定性について検証してみよう。安定性は、税収が景気の変動を受けずに安定的に収入しうることを求めている。図表Ⅲ-3は、1985年度から2022年度までの地方税のうち、個人住民税、地方法人二税、固定資産税、地方消費税について税収額の推移を示している。昭和年代末から平成年代始めにかけては、バブル経済の影響を受けて大きく税収を伸ばしたが、その後は停滞期から若干のプラス成長であった。この間のそれぞれの税収動向をみると、地方消費税が最も変動が少なく安定的な税収動向を示している。また固定資産税も

2008年頃より安定的なトレンドを描いている。これに対して法人二税
は、リーマンショックなど景気動向に左右されて大きく変動している。
また同じ所得課税である個人住民税も法人二税ほどではないが変動がみ
られる。

　地方財政は、少子高齢化やインフラ等資産の老朽化が進行し続け財源
の安定的確保は不可欠である。しかし地方税は法定税で決められ、地方
自治として裁量で確保できるのは非常に限定的である。こうした事実の
もとで、財政運営を続けていかなければならない。

３ 地方税原則の検証：普遍性

　次に、地方税原則のうち、普遍性について検証してみよう。普遍性は、
税源が都市部等に偏ることなく、全国に普遍的にあることを要求してい
る。普遍性があることは、過疎地方自治体にとっても税収を確保できる
ことになる。

　地方税の普遍性を都道府県別に確認したのが図表Ⅲ-4である。図は、
地方税計と住民税、法人二税（事業税、法人住民税）、固定資産税、地
方消費税について、全国平均を100として人口１人当たり税収額の指
数を示したものである。法人二税で最も格差が大きく、東京都の259.7
から奈良県の43.3まで差がつき、最も格差が小さいのは地方消費税で、
東京都の120.6から奈良県の84.5までとなっている。いずれも東京都の
指数が最も大きいが、それに次ぐ県は、法人二税で大阪府、愛知県、個
人住民税では、神奈川県、愛知県、固定資産税は愛知県、三重県、地方
消費税（清算後）では北海道、福島県である。これらは、地域住民の負
担状況、大規模資産の存在、商業の状況等の要因によるもので、各税の
特徴を表している。とくに地方消費税は、ほんとんどの道府県が90か
ら100の間に収まっており、80台は埼玉県、沖縄県、奈良県の３県となっ
ている。ただ、現在のところ、地方消費税の税率が1.2％引き上げられ
たとはいえ、主要４種（法人二税を１種とする）の地方税のうち、地方
消費税の規模が最も小さいため、地方税全体としての格差を動かすほど
のものとはなっていない。製造業が活力をもつ愛知県は、長く、法人二
税が160程度の指数であったが、リーマンショックの影響で大幅に減少

図表Ⅲ-3 地方税目別の税収推移

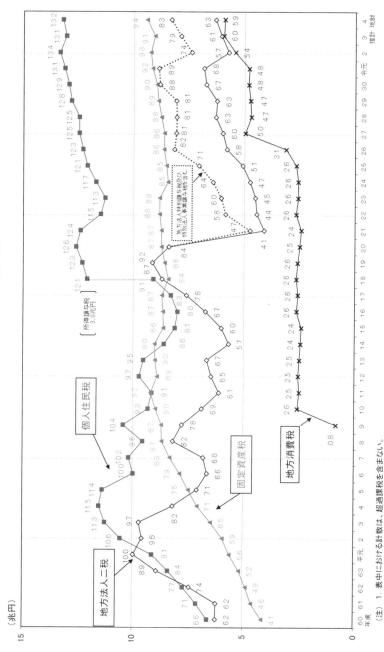

（注） 1. 表中における計数は、超過課税を含まない。
2. 令和2年度までは決算額、3年度は推計額(R3.12時点)、4年度は地方財政計画額である。
3. 地方法人二税の平成21年度以降の点線は、国から都道府県に対して譲与されている地方法人特別譲与税(〜R1)及び特別法人事業譲与税(R2〜)を加算した額。
(⑳ 0.6兆円、㉑ 1.4兆円、㉒ 1.5兆円、㉓ 1.7兆円、㉔ 1.7兆円、㉕ 2.0兆円、㉖ 2.4兆円、㉗ 2.1兆円、㉘ 2.1兆円、㉙ 1.8兆円、㉚ 2.1兆円、㉛ 2.0兆円、① 1.7兆円、② 1.8兆円、③ 1.8兆円、④ 2.0兆円)
出所：総務省資料。

した。地方税原則の普遍性から評価すると、地方消費税が格差倍率は最も小さく普遍性が高いことになるが、地方消費税は格差が広がらないよう清算基準が設けられており、他の税とは異なる仕組みとなっている。倍率が次に低いのは固定資産税であり、安定性もあり地方税原則に最も適った地方税ということができる。

　わが国の租税体系は、国に景気弾力的税を、地方に安定的税をといった配分にはなっていない。個人所得、法人所得、消費いずれも、国と地方で税源を共有、分割したかたちとなっている。住民税は比例税となったが、法人所得課税も主要な地方税とされている。地方税が安定的かつ地域格差の少ない財源として機能していくためには、所得税の最低税率5％分を住民税に組み入れ住民税率を15％とすること、地方消費税のウェートを高めることなども検討すべきであろう。税源配分の抜本的見直しの際には、法人二税を国税の法人税に組み入れることも進めなければならない。

　事業税の分割基準（事務所、事業所が複数の道府県にまたがっている場合、税額を一定基準で分割して各道府県に納付するもの）の存在は、消費税の清算基準（商業統計、人口、従業者からなる）とともに、これらの税が全くの独立税として制度化されていないことを意味している。様々な分割、清算の方法があるわけで、東京都に集まるようにも集まらないようにもできる可能性があり、ほとんど譲与税的な仕組みともなりえることを示している。実際、法人事業税の場合、資本金1億円以上の法人の本社管理部門の従業員数を2分の1、工場従業者数を1.5倍と算定する方法や、2005年度改正では、従業員数と共に事務所数を分割基準として採用し、大都市地域への配分を減らそうという格差是正への試みがなされた。

　海外事例を参考にするなら、イギリスの事業用レイトは、もともと地方税であったが、1990年の国税化、地方譲与税化により、国がプールして人口基準で各自治体に配分される仕組みとされた。各自治体内の経済状況、企業活動とは関係なく配分されてきたわけである。おそらく、想像される最も非大都市型の配分方法は、人口割であるとみられるが、地価急上昇や下落を経験し、様々に気を配った結果、複雑化し、資産価

図表Ⅲ-4　人口一人当たりの税収額の指数（2019年度決算）

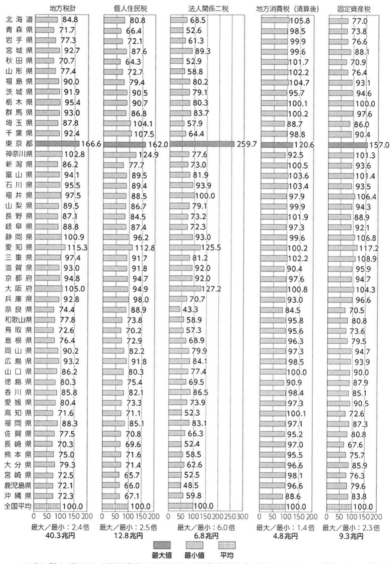

	地方税計	個人住民税	法人関係二税	地方消費税（清算後）	固定資産税
北海道	84.8	80.8	68.5	105.8	77.0
青森県	71.7	66.4	52.6	98.5	73.8
岩手県	77.3	72.1	61.3	99.9	76.6
宮城県	92.7	87.6	89.3	99.6	88.1
秋田県	70.7	64.3	52.9	101.7	70.9
山形県	77.4	72.7	58.8	102.2	76.4
福島県	90.0	79.4	80.2	104.7	93.1
茨城県	91.9	90.5	79.1	95.7	94.6
栃木県	95.4	90.7	80.3	100.1	100.0
群馬県	93.0	86.8	83.7	100.2	97.6
埼玉県	87.8	104.1	57.9	88.7	86.0
千葉県	92.4	107.5	64.4	98.8	90.4
東京都	166.6	162.0	259.7	120.6	157.0
神奈川県	102.8	124.9	77.6	92.5	101.3
新潟県	86.2	77.7	73.0	100.5	93.6
富山県	94.1	89.5	81.9	103.6	101.4
石川県	95.5	89.4	93.9	103.4	93.5
福井県	97.5	88.5	100.0	97.9	106.4
山梨県	89.5	86.7	79.1	99.9	94.3
長野県	87.1	84.5	73.2	101.9	88.9
岐阜県	88.8	87.4	72.3	97.3	92.1
静岡県	100.9	96.2	93.0	99.6	106.8
愛知県	115.3	112.8	125.5	100.2	117.2
三重県	97.4	91.7	81.2	102.2	108.9
滋賀県	93.0	91.8	92.0	90.4	95.9
京都府	94.8	94.7	92.0	97.6	94.7
大阪府	105.0	94.9	127.2	100.8	104.3
兵庫県	92.8	98.0	70.7	93.0	96.6
奈良県	74.4	88.9	43.3	84.5	70.5
和歌山県	77.8	73.8	58.9	95.8	80.8
鳥取県	72.6	70.2	57.3	95.6	73.6
島根県	76.4	72.9	68.9	96.3	79.5
岡山県	90.2	82.2	79.9	97.3	94.7
広島県	93.3	91.8	84.1	98.5	93.9
山口県	86.2	80.3	77.4	100.0	90.0
徳島県	80.3	75.4	69.5	90.9	87.9
香川県	85.8	82.1	86.5	98.4	85.1
愛媛県	80.4	73.3	73.9	97.3	90.5
高知県	71.6	71.2	52.3	100.1	72.6
福岡県	88.3	85.1	83.1	97.1	87.3
佐賀県	77.5	70.8	66.3	95.2	80.8
長崎県	70.3	69.6	52.4	97.0	67.6
熊本県	75.0	71.6	58.5	95.5	75.7
大分県	79.3	71.4	62.6	96.6	85.9
宮崎県	72.5	65.7	52.5	98.1	76.3
鹿児島県	72.1	67.6	48.5	96.6	79.6
沖縄県	72.3	67.1	59.8	88.6	83.8
全国平均	100.0	100.0	100.0	100.0	100.0

	地方税計	個人住民税	法人関係二税	地方消費税	固定資産税
最大／最小	2.4倍	2.5倍	6.0倍	1.4倍	2.3倍
	40.3兆円	12.8兆円	6.8兆円	4.8兆円	9.3兆円

凡例：最大値／最小値／平均

※上段の「最大／最小」は、各都道府県ごとの人口1人当たり税収額の最大値を最小値で割った数値であり、下段の数値は、税目ごとの税収総額である。

(注)　1　地方税収計の税収額は、地方法人特別譲与税の額を含まず、超過課税及び法定外税等を除いたものである。
　　　2　個人住民税の税収額は、個人住民税（均等割及び所得割）及び個人市町村民税（均等割及び所得割）の合計額であり、超過課税分を除く。
　　　3　法人関係二税の税収額は、法人道府県民税、法人市町村民税及び法人事業税（地方法人特別譲与税を含まない。）の合計額であり、超過課税分等を除く。
　　　4　固定資産税の税収額は、道府県分を含み、超過課税分を除く。
　　　5　人口は、令和2年1月1日現在の住民基本台帳人口による。

出所：総務省資料。

格との関係が不明瞭となってきた固定資産税のように、制度があまりゆがむのは望ましくないであろう。

4　地域的格差の要因から探る望ましい地方税

　地方法税原則を示し、そのうちの安定性と普遍性について検証した。ここで、望ましい地方税を検討してみよう。

　シャウプ勧告の「地方税には応益原則」という考え方に従えば、地方税の負担は、公共サービスからの受益と連動させる方が望ましい（応益負担）。このため、自治体間で財源調達に偏りが生じる場合には、公共サービスの内容に地域的格差が生じる。すなわち、地方税の税収は安定的（安定性の原則）であり、特定の地域に偏在することなく、どの地域にも普遍的（普遍性の原則）に存在することが求められる。地方財政を歳入、歳出両面から調整を行っているのが地方交付税制度ということになるが、これまでは、地方税の中にそもそも地域格差を拡大させる要因があった。

　まず、住民税収（道府県民税、市町村民税）の3分の2を占める個人住民税について、個人住民税は国税の所得税と同様に所得額に応じて課税される所得割と納税者に定額で課される均等割に分けられる。均等割としては、道府県の場合、1,000円で均等であるが、市町村の場合、金額は多くないものの、人口規模と自治体の種類によって2,000円から3,000円まで3段階の標準税率となっていた。大都市ほど公共施設の整備状況が良い状態にあるとの観点から差を設けたとされたが、2004年度改正でこれは3,000円に統一され、道府県税、市町村税分あわせて4,000円となった。また、2014年度から10年間は、東日本大震災の復興増税として、道府県民税、市町村民税ともそれぞれ500円が上乗せされ、合計5,000円の均等割となっている。この他に、前述した超過課税として、水資源環境税などとして、500円～1,000円程度を上乗せして徴収する自治体もある。（なお、2024年度から、個人住民税均等割と併せて1,000円が森林環境税として徴収され、その税収の全額が、森林環境譲与税として都道府県・市町村へ譲与されることが決まっている。ただし、2019年度から2023年度までは、譲与額が前倒しで譲与されてい

る。）

　所得割は、2007年の税源移譲に伴い10％（市町村民税6％、道府県民税4％）の比例税率化された。それ以前は、3、8、10の3段階税率、道府県民税としては、2、3の2段階税率であった。課税標準段階別納税者数からみてみると、200万円以下が最も多く、次いで200万円超700万円以下、700万円超と続いていた。このことは、高額所得者がいるかどうかが税収確保に大きな影響をもつかを示している。当然のことながら、累進段階の上の段階にある住民が多ければ多いほど収入確保は容易であり、単なる地域の経済格差を超える税収格差がつくことになる。比例税率の所得課税であれば、地域格差は、住民の数と所得水準の高低に比例するだけであるが、累進課税制度であればこれを超える格差がついたのである。人口5,000人程度までの町村で、第1次産業人口の多い地域であれば、最高税率に該当する課税標準額700万円超の納税義務者がほんのわずかである一方、大都市では、多くの納税者がここに関わる年収をもつ。また、第1次産業のウェートや特別徴収によって納税されている住民が多いかどうかが影響するのである。

　このように、住民税が累進税率をもつことは、地域格差を拡大するとともに、景気弾力性を高め、不安定性の原因ともなっていた。景気弾力性と不安定性については、長短期両方をもつことになるが、地域格差の拡大については、財政調整の必要性をわざわざ高めるようにしているシステムといえた。

　次に、地方法人二税（法人住民税、法人事業税）についてみよう。法人住民税については、市町村、都道府県とも、資本金額によって、均等割額に大きな格差がある。法人税割については、（法人所得課税である）法人税の金額を基礎として標準税率が設定されている。法人事業税については、2004年度から資本金1億円超の企業を対象として部分的に従業員数や資本金を課税標準とする外形標準課税を入れることになったが、これまでは課税標準のほとんどを所得及び清算所得によってきた。このため、2015年度、東京都の税収構成比は、道府県税全体に占める割合でみると16.9％であるのに対し、法人二税（道府県分）では26.1％。愛知県、神奈川県、大阪府を含め4都府県の合計では、それ

ぞれ38.0％、49.0％とその差が広がる。したがって、残り43道府県では、概して法人二税より道府県税のシェアの方が大きい状況にある。ただし、バブル前後は、東京都以外の3府県も不交付団体であったこともあり、現在より格差は大きいものであった。景気弾力的な税は地域偏在も大きいということになる。ここでは、概して大都市部も大企業が多いことと、所得ベースであり企業活動に大きな影響を受けていることにより、格差がつくといえる。

　近年は、2015年度と2016年度の税制改正において、所得割の税率を引き下げるとともに、外形標準課税適用法人の法人事業税全体の4分の1であった外形標準課税が2015年度に8分の3に、2016年度には8分の5に拡大された。外形標準課税の拡大は法人事業税の応益負担が進んだことを示すが、2019年度の道府県税全体に占める東京都の税収は18.4％であるのに対し、法人二税（道府県分）では28.5％。愛知県、神奈川県、大阪府を含め4都府県の合計では、それぞれ38.5％、50.3％となっており、依然としてその差の広がりが確認できる。また、財政力指数0.7未満の残りの道府県においては、2011年度と同じく概して道府県税のシェアの方が大きい状況であることに変わりはない。

　一方、固定資産税は、土地、家屋を課税ベースの主要部分としているため比較的安定的であり、小規模自治体においてより重要性を増す。2019年度決算において、町や村では、税収の半分以上を固定資産税によっている。超過課税（標準税率1.4％、制限税率2.1％）も2019年現在152市町村が実施しており、その多くは大都市部ではない。

　地方消費税についても、消費譲与税時代の仕組みと同様に、国が徴収、地域的に生産、あん分交付ということになり、比較的安定的である。地方消費税は、1994年の3％から5％への消費税の引き上げとともに創設されており、その際に国税としての消費税の税率が4％、地方消費税の税率が1％とされた。その後、消費税の10％への引き上げにともない、地方消費税の税率は2.2％に変更されている。地方財政は恒常的に毎年度、地方財政対策で財源不足を計上している。そのために臨時財政対策債等の臨時的措置で対応している。地方財政がこうした臨時の赤字公債等に頼らない運営を実現するためにも、地方消費税の税率を引き上げる

べきではななろうか。

▶ 3 国際比較からみた税源配分 ◀

　OECD歳入統計の2021年度版によって、総税収に占める州、地方の税源配分についてみたものが図表Ⅲ-5である。この統計では、総税収（社会保障基金を含む）が連邦国家では、連邦、州、市町村、単一国家では、国、地方団体に配分されている。この他、EU、社会保障基金への配分がある。

　2019年において、連邦国家の連邦税は約53.0%、州税が17.7%、市町村税が7.7%となっている。州税が平均を上回る水準にあったのはカナダ39.5%、スイス24.9%、ドイツ23.8%、アメリカ20.6%であった。市町村の税収は概して低く、基礎自治体より州中心の税システムがとられている。州と地方団体を合わせて連邦税収の水準を大きく超えているのはスイスとカナダで、カナダの場合、連邦税、州税の水準がほぼ同等になってきている。

　単一国家の税源配分（社会保障基金を除く）についてみると、1975年以来、国税比率が65%前後、地方税比率が10%から13%台となっている。2019年に地方税がこの平均的水準を大きく上回る国は、スウェーデンの35.5%、次いで、アイスランド28.3%、デンマーク25.7%。フィンランド22.8%の北欧諸国の他、日本も23.5%であった。このうち、アイスランド、デンマーク、さらに地方税比率が15.5%であるノルウェーは、社会保障（保険料）負担がほぼなく、国税と地方税を合わせて100%、あるいはほぼ100%となっているため、地方税比率が高いことは若干割り引いてみる必要があろう。これらの国の国税比率は70%を超えており、この水準は地方税の少ないイギリスの国税比率とほぼ同等である。

　反対に、連邦国家や州や市町村の税収比率が特に少ないのは、財源が中央に集中するメキシコやオーストリアの州、市町村、オーストラリアやベルギーの市町村税にこの傾向がみられる。単一国家の地方税では、ギリシャ、アイルランド、オランダ等が低い。また、長く国税中止型税

制をとっているニュージーランドの国税比率はOECD諸国のうちで最も高い93.1％となっている。なお、イギリスの国税比率もOECD平均を超える74.6％であるが。イギリスは1990年、地方事業税（事業レイト）の自治体から国への税源移譲（国税にして地方譲与税化）に伴い、地方税が急減し、国税中心型となったことが影響している。

図表Ⅲ-5　税源配分（単一国家のみ、2019年、%）
―地方税比率が単一国家平均を上回る国とイギリス―

	EU	国税	地方税	社会保障負担
スウェーデン	0.4	51.9	35.5	12.3
アイスランド		71.7	28.3	0.0
デンマーク	0.3	73.9	25.7	0.0
日　　　本		35.5	23.5	41.1
フィンランド	0.4	48.9	22.8	27.9
ラ ト ビ ア	0.5	50.5	19.3	29.7
韓　　　国		56	17.3	26.7
ノ ル ウ ェ ー		84.5	15.5	0.0
フ ラ ン ス	0.4	32.6	13.6	53.4
ポ ー ラ ン ド	0.6	49.3	12.6	37.6
イ タ リ ア	0.4	57	11.4	31.2
イ ギ リ ス	0.5	74.6	5.2	19.7
OECD平均	1.2	63.2	10.9	25.5

出所：Revenue Statistics, OECD, 2021.

IV
国と地方の財政調整制度

▶ 1 国と地方の税財政格差 ◀

　国と地方の税収配分は、〔図説：3 租税収入の国と地方の配分〕（16ページ参照）に示したように、租税収入104.9兆円のうち国は64.9兆円（61.9％）、地方は40.0兆円（38.1％）の配分に対して、歳出は公債金等収入を含めて国は98.0兆円（44.0％）、地方は124.5兆円（56.0％）と地方が多く逆転する。そのため、地方で不足する分を国から地方への財源移転が必要となる。財源移転の手続きを財政調整と言い、そのための制度として、国が使途を特定しない一般財源として移転するのが地方交付税交付金であり、使途が特定される特定財源の総称が国庫支出金である。国庫支出金には、国庫負担金（国が負担すべき分）、国庫補助金（国が援助する分）、国庫委託金（国の事務を委託する分）などがある。

　国と地方で税収格差が生じるのは、税収力のある所得課税の個人所得税と法人所得税が国税であるためであり、また消費税も税収力があり国が徴収している。もっとも消費税率10％のうち、2.2％（軽減税率分は1.76％）は地方消費税として都道府県に人口と小売年間販売額等の基準で配分され、さらに地方消費税収の2分の1は市区町村に人口と従業者数を基準に地方消費税交付金として支出されている。なお消費税率が引き上げられた際に、地方消費税の一部は社会保障財源として充てることが決められている。

　国と地方の税財政格差の問題は、これまでの地方分権改革において、当初は国と地方の政府間で財政調整が必要ない税収＝歳出を目指して動いてきたが、自治体間の財政力格差が大きいため、税収＝歳出が実現されると次の段階として自治体間の水平的財政調整が必要となることが問題となった。実際には国から地方への税源移譲は小泉政権において三位

一体改革の１つとして、国税の所得税から３兆円が地方税の住民税に移された。この結果、国税対地方税の割合は55対45程度になり、税源移譲の問題はこれ以上の移譲は議論されなかった。その後、国税収入の伸びが地方税を上回り現在の６対４となっている。また特定財源の国庫補助負担金の縮減・廃止も実施され、地方財政の自主性が高まった。

　自治体間の財政調整として水平的財政調整が実施されている国は後述のように、スウェーデンとドイツで導入されているが問題もある。地方税は、自治体の行政サービスに対する応益課税として認識されている。水平的財政調整が実施されると、課税団体と受益団体が異なることになり、応益関係が認められないことになる。応益課税は課税団体と受益団体が同じことが前提であり、水平的財政調整が行われると課税の根拠がなくなってしまうという問題が生じる。

▶ 2 財政調整制度の成立 ◀

1 地方交付税前史・平衡交付金

　国と地方の税財政格差は、戦前は戦時体制下で税財源は全て国に集中させていたため圧倒的に国税中心であり、地方税は２割にも満たなかった。そのため地方財政で不足する財源は国から地方分与税等により支出されていた。

　戦後に財政調整が整備されたのは、戦後行財政改革の一環として1949年に税制改革案としてまとめられたシャウプ勧告で提案された地方財政平衡交付金であった。財政調整制度は1949年までは地方分与税であったが、1950年に地方交付税法（法律第211号）が制定され改められた。ここでの地方交付税制度は、シャウプ勧告が平衡交付金（Equalization Grants）として改めるよう勧告した（シャウプ勧告、第３編、付録E節、平衡交付金）。平衡交付金は、自治体が標準的行政サービスを実施するために必要な財政需要額を算定し、地方税収入との差額を全額補償するものであった。シャウプ勧告は、地方財政の財源保障と自治体間の財政力格差の是正を平衡交付金で図った。すなわち、全

ての自治体で合理的かつ妥当な水準で公共サービスを行う場合に必要な財源を保障（財源保障）することであった。平衡交付金は普通交付金と特別交付金に分けられて各自治体に配分された。普通交付税の総額は、各自治体の財源不足額の合計額とし、特別交付金の総額は普通交付金の11.5％（92分の8）に相当する額とされた。配分方式に関しては、普通交付金は基準財政需要額が基準財政収入額を超える額（財源不足額）を基礎として各自治体に配分された。一方、特別交付金は基準財政需要額の画一的な算定では捕捉されなかった特別の財政需要額や基準財政収入額の過大算定額等を基礎として配分された。ここで、基準財政需要額は「単位費用×測定単位×補正係数」により算定され、基準財政収入額は法定普通税の標準税率による税収入（標準税収入額）の70％とされた。

　シャウプ勧告の平衡交付金は、合理的基準に基づき算定された各市町村の基準財政需要額から地方税等の基準財政収入額を引いた額を全額国が補填するという、積み上げ方式の無限補助金の仕組みであり、財源保障機能を強くもったものであった。この配分については、国・地方の代表者を含む地方財政委員会で実施されるといった、戦後民主主義改革としてかなり画期的内容ももっていたが、国の経済再建策の下では、財源をめぐって国・地方の対立を生じさせたことで十分に機能せず、残念ながらわずかな期間実施されたのみであった。

② 現行の地方交付税

　1950年に制定された地方交付税法は、シャウプ勧告を受け入れて平衡交付金を内容としたが、1954年の改正で平衡交付金は廃止されてしまった。その後は、現在に続く地方交付税制度に改められた。改正された地方交付税制度は、基準財政需要額から基準財政収入額を控除して自治体の交付税額を算定する方式は変わりないが、交付税総額は以前と同じ特定の国税収入に決められた法定率を乗じて求める方式に戻った。したがって無限補助金ではなくなり、国税収入に依存した限定的な財源保障制度となった。

　地方交付税総額を決める国税は、当初は所得税、法人税、酒税の国税3税に一定の法定率を乗じて求めた額であったが、何度か改正が行わ

れ、1989年度より消費税とたばこ税（国税）が加えられ国税5税となり、その後、地方法人税の創設によりこの全額を算入し、たばこ税を除外して、現在は国税5税となっている。法定率については、1954年度の導入時から10年ほどは毎年のように引き上げられていたが、1966年以来、消費税導入時まで国税3税の32％に固定された。したがって、地方交付税導入後10年間程は、総額が動いたという点で、平衡交付金のなごりがあったといえる。

▶ 3 地方交付税制度 ◀

1 地方交付税の機能

　国から地方自治体への補助金は、使途の特定されない一般補助金と使途の特定された特定補助金に区分される。わが国でいえば地方交付税と地方譲与税が一般補助金であり、国庫支出金が特定補助金ということになる。ここでは、金額の大きい地方交付税と国庫支出金を取り上げよう。

　まず、地方交付税についてみよう。地方自治という観点からみれば、地方自治体の供給する公共サービスの財源は、地方自治体がその権限に基づいて徴収する地方税を中心とした収入で賄うことが望ましい。

　しかしながら、わが国には都道府県・市区町村あわせて約1,760もの地方自治体があり、その経済・社会構造の違いにより、各自治体間には財源調達能力に格差がある。また、地理的・社会経済的条件等の相違から、それぞれの自治体における財政需要も異なる。そこで、租税負担における公平性の確保や一定の行政水準（ナショナル・ミニマム）の維持といった観点から、国による何らかの調整が必要となる。この役割を担ってきたのが、地方交付税である。

　地方交付税には、①地方自治体間における財政力格差の是正、②地方相互間の財源過不足の調整、③地方財源の保障、という3つの機能を有している。

2 地方交付税制度

　現行の地方交付税は、1989年の消費税の導入に伴い、消費税及びたばこ税が国税原資として新たに加えられ、所得税及び法人税のそれぞれ33.1％、酒税の50％、消費税の19.5％、地方法人税の全額の合計額を総額とする。

　地方交付税は、この総額を原資として、普通交付税と特別交付税に区分して配分される。普通交付税は、地方交付税の総額の94％を占め、地方自治体による標準的な公共サービスの提供を可能とするために交付される。一方、特別交付税は、地方交付税の総額の６％を占め、地域における特別な財政需要の補足や災害時の臨時的な財政需要への対処を目的に交付される。

　このような地方交付税は、「財源調整機能」と「財源保障機能」という２つの機能を有していると考えられている。第一に、地方自治体間の財政力格差の是正、相互間の財源過不足の調整、均てん化を図るという観点からすると、地方交付税は財源調整機能を有している。第二に、国税５税の一定割合を原資として、地方財政計画を通じて地方自治体全体の財源不足額を賄い、また、各地方自治体の基準財政需要額と基準財政収入額の差に相当する財源不足額を賄い、全国的に一定水準の公共サービスを提供するために必要な財源を地方自治体に保障するという観点からすると、地方交付税は財源保障機能を有している。

①普通交付税の算定

　普通交付税は、以下の算式が示すように、各地方自治体の基準財政需要額と基準財政収入額の差に相当する財源不足額に応じて各地方自治体に交付される。

　普通交付税額（財源不足額）＝基準財政需要額－基準財政収入額

　普通交付税額を算定する際に必要となるのが基準財政需要額と基準財政収入額の算定である。基準財政需要額は、各地方自治体が標準的な水準でその公共サービスを提供する際に必要な経費のうち一般財源で賄うべき額を一定の合理的な方法で測定したものである。ここで注意すべき点は、基準財政需要額は各地方自治体の実際の財政需要額ではなく、府

県の場合には人口170万人、市町村では10万人の人口規模の団体を標準団体とし、その標準団体における「標準的な財政需要額」を示すことである。

（ア）基準財政需要額の算定

　基準財政需要額は次の算式により算定される。

基準財政需要額＝単位費用×測定単位×補正係数

　まず、地方自治体が住民に提供する種々の公共サービスが行政項目ごとに区分される。例えば、都道府県の場合は、道路橋りょう費、警察費、社会福祉費などに区分され、市町村の場合は、消防費、教育費、農業行政費などに区分される。次に、この区分に従い財政需要を的確に捕捉するための指標が設定される。これが測定単位である。測定単位は図表Ⅳ-1に、道府県と市町村の項目ごとに測定単位が示してある。例えば、土木費のうち道路橋りょう費の測定単位は、道路の面積及び延長、警察費は警察職員数、社会福祉費は人口、消防費は人口、農業行政費は農家数などである。

　単位費用は、このような測定単位の1単位当たりの費用である。消防費を例にとると、人口10万人の市における消防署、消防職員、消防車の数など消防行政の規模に基づき、当該市において、合理的かつ妥当な水準の消防行政が行われるために、消防職員の給与及び報酬、消火活動や救急活動などに要する必要経費を積算し、その総額から国庫支出金などの特定財源を控除した一般財源所要額を当該市の人口10万人で除した額が当該市の消防行政に係る単位費用となる。

　標準的な基準財政需要額だけならば「単位費用×測定単位」で算定できる。しかし、各地方自治体は地理的、自然的、社会的に異なる条件の下に置かれているので、全国的に一定水準の公共サービスを提供するためには、各地方自治体の地理的、自然的、社会的条件の差異を基準財政需要額の算定に反映させなければならない。補正係数は、各地方自治体のさまざまな条件の差異などを基準財政需要額の算定に反映させるために用いられるものである。現在、補正係数には、人口規模の相違を反映させる段階補正や、都市的形態か農村的形態かによって生じる行政コストの相違を反映させる態様補正、この他に、種別補正、密度補正、寒冷

補正、数値急増補正、数値急減補正、財政力補正、合併補正がある。

図表Ⅳ-1　基準財政需要額算定の項目と測定単位

【道府県分】
1　個別算定経費

項　目		測　定　単　位
警　察　費		警　察　職　員　数
土木費	道路橋りょう費	道　路　の　面　積
		道　路　の　延　長
	河　川　費	河　川　の　延　長
	港　湾　費	係留施設の延長(港湾)
		外郭施設の延長(港湾)
		係留施設の延長(漁港)
		外郭施設の延長(漁港)
	その他の土木費	人　　　　　口
教育費	小　学　校　費	教　職　員　数
	中　学　校　費	教　職　員　数
	高　等　学　校　費	教　職　員　数
		生　　徒　　数
	特別支援学校費	教　職　員　数
		学　　級　　数
	その他の教育費	人　　　　　口
		公立大学等学生数
		私立学校等生徒数
厚生労働費	生　活　保　護　費	町　村　部　人　口
	社　会　福　祉　費	人　　　　　口
	衛　　生　　費	人　　　　　口
	高齢者保健福祉費	６５歳以上人口
		７５歳以上人口
	労　　働　　費	人　　　　　口
産業経済費	農　業　行　政　費	農　　家　　数
	林　野　行　政　費	公有以外の林野の面積
		公有林野の面積
	水　産　行　政　費	水　産　業　者　数
	商　工　行　政　費	人　　　　　口
総務費	徴　　税　　費	世　　　帯　　　数
	恩　　給　　費	恩　給　受　給　権　者　数
	地　域　振　興　費	人　　　　　口
地域の元気創造事業費		人　　　　　口
人口減少等特別対策事業費		人　　　　　口
地域社会再生事業費		人　　　　　口
地域デジタル社会推進費		人　　　　　口

【市町村分】
1　個別算定経費

項　目		測　定　単　位
消　防　費		人　　　　　口
土木費	道路橋りょう費	道　路　の　面　積
		道　路　の　延　長
	港　湾　費	係留施設の延長(港湾)
		外郭施設の延長(港湾)
		係留施設の延長(漁港)
		外郭施設の延長(漁港)
	都　市　計　画　費	都市計画区域における人口
	公　園　費	人　　　　　口
		都市公園の面積
	下　水　道　費	人　　　　　口
	その他の土木費	人　　　　　口
教育費	小　学　校　費	児　　童　　数
		学　　級　　数
		学　　校　　数
	中　学　校　費	生　　徒　　数
		学　　級　　数
		学　　校　　数
	高　等　学　校　費	教　職　員　数
		生　　徒　　数
	その他の教育費	幼稚園等の小学校就学前子どもの数
厚生費	生　活　保　護　費	市　　部　　人　　口
	社　会　福　祉　費	人　　　　　口
	保　健　衛　生　費	人　　　　　口
	高齢者保健福祉費	６５歳以上人口
		７５歳以上人口
	清　　掃　　費	人　　　　　口
産業経済費	農　業　行　政　費	農　　家　　数
	林野水産行政費	林業及び水産業の従業者数
	商　工　行　政　費	人　　　　　口
総務費	徴　　税　　費	世　　　帯　　　数
	戸籍住民基本台帳費	戸　　籍　　数
		世　　　帯　　　数
	地　域　振　興　費	人　　　　　口
		面　　　　　積
地域の元気創造事業費		人　　　　　口
人口減少等特別対策事業費		人　　　　　口
地域社会再生事業費		人　　　　　口
地域デジタル社会推進費		人　　　　　口

2　包括算定経費

測　定　単　位
人　　　　　口
面　　　　　積

2　包括算定経費

測　定　単　位
人　　　　　口
面　　　　　積

出所：総務省資料。

（イ）基準財政収入額の算定

　基準財政収入額は、以上のような基準財政需要額に対して、地方自治体の標準的な一般財源収入額として算定されたものである。基準財政収入額は、基準財政収入額が「標準的な財政需要額」を示すのと同様に、各地方自治体の実際の一般財源収入額ではなく、地方自治体が標準的に収入しうる「標準的な一般財源収入額」である。基準財政収入額は次の算式で算定される。

基準財政収入額＝（法定普通税＋法定目的税の一部）
×基準税率（道府県・市町村75％）＋地方譲与税など

　このように、基準財政収入額は、法定普通税及び法定外目的税の一部に基準税率75％を乗じ、地方譲与税等を加えることで算定される。

　基準財政収入額を算定する上で注目すべき点が２点ある。１点は、法定普通税の他に、法定外目的税の一部、地方譲与税などが基準財政収入額に算入されることである。この理由は、法定外目的税や地方譲与税などが本来は特定の経費にあてられるものであるが、その使途が目的財源としては極めて包括的であり、むしろ一般財源に近いためである。もう１点は、法定普通税及び法定外目的税に基準税率として道府県と市町村とも75％が乗じられることである。この残りの部分、すなわち、法定普通税及び法定外目的税の25％に相当する部分は「留保財源」と呼ばれる。基準財政収入額の算定の際に、この留保財源がその算定の枠外に置かれるのは、個々の地方団体の財政需要を100％正確に捕捉することは困難であること、また、もし仮に税収入の全額が基準財政収入額に算入された場合には地方自治体の徴税努力を阻害する危険性があることなどの理由からである。

②特別交付税の算定

　財源不足の地方自治体に対して毎年度交付される普通交付税と異なり、特別交付税は毎年度必ずしも交付されるというものではない。普通交付税の算定では標準団体が対象とされるため、個々の地方自治体のさまざまな実情は反映されない。そこで、特別交付税は普通交付税では反映されなかった個々の地方自治体のさまざまな実情を反映し、普通交付

税を補完する機能を果たすことになる。特別交付税が交付されるのは、（a）普通交付税における基準財政需要額の算定において捕捉されなかった特別財政需要がある場合、（b）基準財政収入額に著しく過大に財政収入が算入された場合、（c）普通交付税の算定期日後に生じた災害等のために特別な財政需要の増加または財政収入の減少がある場合などである。このような特別交付税の交付により、普通交付税では処置しきれない財政需要を処置することが可能になる。

③ 地方交付税の効率化：トップランナー方式等の導入

　これまで、地方財政調整財源の確保には、地方交付税の法定税率では足りない場合、財源不足分を資金運用部借り入れや臨時財政対策債の発行で対応してきた。また、投資的経費拡充をめざしては、財政分析の5段階評価方式による誘導、地域総合整備事業債、公共事業の事業費補正等が行われていた。その後、平成の大合併推進には合併特例債と段階補正見直し、自治体の自立を促す方向としてはいくつかの「がんばる」地方を応援するプログラム等、自治体の財政健全化努力にも多様な対策がとられた。さらに、財政健全化目標の中でもう一歩進んで、近年は水準超経費削減にも目が向けられてきた。財政制度等審議会では、独自試算の上、地方財政計画の実質的な計画額歳出が決算額歳出を継続的に1兆円前後上回っており、自治体の基金も過大であるとして、地方財政計画の適正化が提案された。また、地方財政調整機能を、国税を財源とする地方交付税の総額を抑える中で、法人二税にも担わせる方向で進んできた。

　こうした中で「経済財政運営と改革の基本方針2015」では、歳出の効率化を推進する観点から、歳出効率化に向けた業務改革で他団体のモデルとなるようなものを地方交付税の基準財政需要額の算定に反映する取組みが推進された。その際、財源保障機能を適切に働かせ、住民生活の安心・安全を確保することを前提として取組む。地方行政サービス改革に係る調査によって把握することとしている地方団体の業務改革のうち、単位費用に計上されている全ての業務（23業務）についてトップランナー方式の検討対象とされた。トップランナー方式とは、地方交付

税の算定の基礎となる単位費用の一部の積算について、民間委託等による合理化の要素を反映させるものである。つまり、民間委託や指定管理等のコスト削減努力をしたものとして需要算定されるということになった。

　このうちできる限り多くの業務（16業務）について2016年度に着手した。地方自治体への影響等を考慮し、複数年（概ね3～5年程度）かけて段階的に反映し、残る業務について、2017年度以降、課題等を検討し、可能なものから導入されることとなった。

　また、基準財政収入額の算定に用いる徴収率の見直しをした。地方税の実効的な徴収対策を行う地方自治体の徴収率を標準的な徴収率として基準財政収入額の算定に反映する。2016年度から実施されたが、地方自治体への影響等を考慮し、5年間で段階的に反映することとされた。

4 地方交付税の問題点

　地方交付税の持つ問題点として、まず挙げられるのが基準財政需要額の算定方法である。つまり、国がナショナル・ミニマムの水準をどのレベルに設定するかによって、基準財政需要額が変化することになり、その水準を引き上げれば、それだけ基準財政需要額が膨らむことになる。次年度の地方交付税総額の決定は、もちろん地方財政の状況を勘案しながら決めていくのであるが、とりわけ近年では、基準財政需要額に普通建設事業のために起債された地方債の元利償還費が算入されるなど、地方交付税制度のもつ本来の役割から乖離する部分が大きくなってきているといえる。

　次に指摘できる点は、上述とも関連するが、国税の一定比率によって決まる入口ベースの交付税総額と自治体の財源不足額総計が一致する保証はないという点である。地方税収を一定として、基準財政需要額が増えれば、地方の財源不足も増えることになる。ところが、国から補填される地方交付税総額は、国税の一定比率とされているため、すべての自治体の財源不足額を賄うことはできない。

　もちろん、近年における財源不足の原因には、社会保障関係費を中心に財政需要が大きく伸びていることが大きく影響しているが、より深刻

【2016年度に着手する取組】

図表Ⅳ-2　トップランナー方式の取組み

対象業務	基準財政需要額の算定項目		基準財政需要額の算定基礎とする業務改革の内容
	都道府県	市町村	
◇学校用務員事務（小学校、中学校、高等学校、特別支援学校）	高等学校費、特別支援学校費	小学校費、中学校費、高等学校費	民間委託等（現行：直営、一部民間委託等）
◇道路維持補修・清掃等	道路橋りょう費	道路橋りょう費	
◇本庁舎清掃　◇案内・受付　◇本庁舎夜間警備　◇電話交換　◇公用車運転	包括算定経費	包括算定経費	
◇一般ごみ収集	―	清掃費	
◇学校給食（調理）　◇学校給食（運搬）	―	小学校費、中学校費	
◇体育館管理　◇プール管理　◇競技場管理	その他の教育費	その他の教育費	指定管理者制度導入、民間委託等（現行：直営、一部民間委託等）
◇公園管理	その他の土木費	公園費	
◇庶務業務（人事、給与、旅費、福利厚生等）	包括算定経費	包括算定経費	庶務業務の集約化
◇情報システムの運用（住民情報、税務、福祉関連等の情報システム）	―	戸籍住民基本台帳費、徴税費、包括算定経費	情報システムのクラウド化

※下線の項目については、既に業務改革を前提とした経費水準としており、2016年度から経費区分を給与費から委託料等に見直す。

【2017年度以降導入を検討するもの】

検討対象業務	基準財政需要額の算定項目		業務改革の内容	課題等
	都道府県分	市町村分		
◇図書館管理	その他の教育費	その他の教育費	指定管理者制度導入等	○地方団体から以下の意見がある。 ・教育機関、調査研究機関としての重要性に鑑み、司書、学芸員等を地方団体の職員として配置している。 ・福祉分野は業務の専門性が高く、直営を選択している。 ○実態として指定管理者制度の導入が進んでいない。 ○社会教育法等の一部改正法（2008年）の国会審議における人材確保及びその在り方について「社会教育施設における指定管理者制度の導入による弊害についても十分配慮し、検討すること」等の附帯決議あり。
◇博物館管理	その他の教育費	-		
◇公民館管理	-	その他の教育費		
◇児童館、児童遊園管理	-	社会福祉費		
◇青少年教育施設管理	その他の教育費	-		
◇公立大学運営	その他の教育費	その他の教育費	地方独立行政法人化	○地方団体から以下の意見がある。 ・小規模な公立大学については、法人化にコストがかかることから効率化が困難となる可能性がある。 ・学部によって、民間との共同研究等による外部資金の獲得等、効率化可能な程度が異なる。
◇窓口業務（戸籍業務、住民基本台帳業務、税証明業務、福祉業務等）	-	戸籍住民基本台帳費、徴税費、社会福祉費、高齢者保健福祉費、保健衛生費	総合窓口・アウトソーシングの活用	○第31次地方制度調査会において、窓口業務に係る外部資源の活用方策について検討中である。 ○政府内において、窓口業務等の民間委託の為の業務マニュアル・標準委託仕様書（案）を作成予定（平成28年度）である。

出所：総務省資料。

なのは、地方交付税制度を前提として地方財政を運営するという構造上の問題である。

　また地方交付税は、所得税や消費税などの景気の影響を受ける国税の一定割合を総額とするので、不況期にはその原資となる所得や消費の伸びが鈍化することから交付税総額も減少しかねない。この場合、交付税特別会計に繰り入れられる交付税総額（入口ベース）が地方自治体の財源不足額を積み上げた給付額（出口ベース）を下回る可能性がある。そこで、入口ベースの交付税総額と出口ベースの給付額が一致するように調整措置が講じられなければならない。従来は、地方自治体の基準財政需要額の圧縮、交付税特別会計からの借入れなどが主たる調整措置であったが、最近では、特例措置による交付税総額への加算などの調整措置も講じられている。調整措置としては、交付税率の変更もその1つと考えられるが、国と地方の財源配分の問題もあり、交付税率の変更は容易に実現されない。

　さて、地方交付税法第6条の3、第2項には、普通交付税の総額（法定率を掛けたもの）と財源不足額が「引き続き」「著しく異なる」場合には、地方財政若しくは地方行政に係る制度の改正又は交付税率の変更を行うものとなっている。それが継続する場合は財源保障機能を果たさなくなるためである。「引き続き」とは、2年度間過不足の状態が続き3年度以降もその状態が続くもの、「著しく異なる」とは、過不足額が交付税額の1割程度以上になる場合とされている（岡本全勝『地方交付税－仕組と機能－』大蔵省印刷局、1995年、77頁）。しかし、実際には交付税率の変更は伴わず、毎年の地方財政対策で対応されてきたのである。

　結局、交付税論議は、需要調整をどうみるかである。財政調整を収入力調整だけにしておいてよいかどうか。やはり、日本全国の住民が一定のサービス水準を受けることができるよう、財源保障をきちんとみていくことが必要である。地方交付税の機能は財源調整と財源保障。個人の努力ではどうにもならない構造的な部分は、国が保障していかなくてはならない。

▶ 4 国庫支出金 ◀

1 国庫支出金の概要

　国と地方の財政調整で使途の決められた補助金として、国庫支出金がある。地方交付税のように財政調整を主たる目的としない国庫支出金は、ナショナル・ミニマムの確保、特定の事務事業の奨励・助成、スピル・オーバー効果を伴う行政サービスの最適供給水準での実施といった機能を有しており、国の政策を実現する重要な手段ともなっている。

　国庫支出金は、国と地方自治体の経費負担区分に基づいて、国庫負担金、国庫委託金及び国庫補助金等に分類されている。地方財政法第9条には、「地方公共団体または地方公共団体の機関の事務を行うために要する経費については、当該地方公共団体が全額これを負担する」と定められている。しかしながら、第10条以下に多くの例外が設けられており、国がその経費の全部または一部を負担することとなっている。

　国庫支出金はその支出形態により定率補助金、定額補助金、メニュー式補助金、包括補助金などに分類される。定率補助金とは、対象となる公共サービスの支出額の一定割合として交付されるものであり、国庫支出金のほとんどはこの定率補助金である。定額補助金とは、指定された公共サービスの支出に対して、その一定額を交付するものである。メニュー式補助金とは、細分化された補助金一覧の中から地方自治体が補助事業を選択するものである。包括補助金とは、地方自治体の使途の範囲を広く定めた制約の少ない支出金である。

　国庫支出金の都道府県と市町村の決算額をみると（図表Ⅳ-3はコロナ感染症対策の影響を受けていない2018年度である）、都道府県は5兆7,083億円、市町村は9兆1,768億円、総額で14兆8,851億円である。都道府県は市町村の小中学校へ支出される義務教育費負担金が最も多く、次いで普通建設事業費支出金、社会資本整備総合交付金などである。市町村は生活保護費負担や児童手当等交付金、児童保護費等負担金などの社会保障関係費である。

図表IV-3　国庫支出金の状況

（単位：百万円，％）

区　　分	2018　年　度					
	都道府県		市　町　村		純　計　額	
義務教育費負担金	1,258,748	22.1	271,762	3.0	1,530,510	10.3
生活保護費負担金	137,470	2.4	2,617,489	28.5	2,754,959	18.5
児童保護費等負担金	108,300	1.9	1,002,895	10.9	1,111,195	7.5
障害者自立支援給付費等負担金	76,485	1.3	1,252,735	13.7	1,329,221	8.9
私立高等学校等経常費助成費補助金	103,711	1.8	—		103,711	0.7
児童手当等交付金	—	—	1,340,426	14.6	1,340,426	9.0
公立高等学校授業料不徴収交付金	4	0.0	9	0.0	12	0.0
高等学校等就学支援金交付金	333,332	5.8	—		333,332	2.2
普通建設事業費支出金	1,154,351	20.2	613,596	6.7	1,767,947	11.9
災害復旧事業費支出金	440,089	7.7	140,900	1.5	580,989	3.9
失業対策事業費支出金	—		3	0.0	3	0.0
委託金	75,324	1.3	83,806	0.9	159,129	1.1
普通建設事業	4,528	0.1	3,225	0.0	7,753	0.1
災害復旧事業	33	0.0	1,820	0.0	1,853	0.0
その他	70,763	1.2	78,761	0.9	149,523	1.0
財政補給金	1,083	0.0	3,934	0.0	5,017	0.0
国有提供施設等所在市町村助成交付金	30	0.0	35,510	0.4	35,540	0.2
交通安全対策特別交付金	29,465	0.5	21,593	0.2	51,058	0.3
電源立地地域対策交付金	89,971	1.6	28,289	0.3	118,260	0.8
特定防衛施設周辺整備調整交付金	—		21,585	0.2	21,585	0.1
石油貯蔵施設立地対策等交付金	5,242	0.1	—		5,242	0.0
社会資本整備総合交付金	970,553	17.0	690,668	7.5	1,661,221	11.2
地方創生関係交付金	42,598	0.7	42,738	0.5	85,336	0.6
東日本大震災復興交付金	11,729	0.2	70,529	0.8	82,259	0.6
その他	869,903	15.4	938,334	10.3	1,808,237	12.2
合　　　計	5,708,388	100.0	9,176,801	100.0	14,885,189	100.0

出所：総務省資料。

2 国庫支出金の問題点

　国庫支出金は、教育、福祉などの公共サービスの全国的水準の維持、そして本来の機能ではないが財政力格差を是正する手段として重要な役割を果たしてきた。一方で、国が地方行政を統制する手段としても極めて有効なものであったのも事実である。また、地方の依存体質と公共事業拡大へのインセンティブを生み出す要因ともなっていた。

　こうした問題に対し地方分権改革に際して、地方分権推進委員会の第2次勧告（1997年7月）では、これまで国庫支出金の果たしてきた役割を評価しながらも、一方では以下の問題を指摘していた。

①国庫補助負担金の交付により、国と地方自治体の責任の所在の不明確化を招きやすい

②国庫補助負担金の交付を通じた各省庁の関与が、地方自治体の地域の知恵や創意を生かした自主的な行財政運営を阻害しがちである

③国庫補助負担金の細部にわたる補助条件や煩雑な交付手続等が、行政の簡素・効率化や財政資金の効率的な使用を妨げる要因となっているとその弊害を指摘している（「地方分権推進委員会第二次勧告」、76-77頁）

　地方分権の議論は収束してきたが、国庫支出金のこうした弊害は現在でも変わりない。これらの弊害をどのように認識し除去していくことを考える必要性はあろう。具体的には、今後、どのように国庫支出金の一般財源化を図っていくかが問題となる。それには地方交付税の増額と地方税の拡充という、2つの方策が考えられる。しかし、かつて行われた高率補助率引き下げのように、引き下げ分を基準財政需要額に算入し地方交付税で財源措置するとしても、それも国庫支出金の一般財源化といえるが、国庫支出金、地方交付税の両者はいずれも依存財源であり、地方自治体の国への依存度はさほど変化しないことになる。これでは、真の意味で地方の自主性や財政責任は伴わないことになるだろう。やはり、地方交付税と同様に、改革にあたっては地方税の拡充を前提に議論を進めるべきだろう。

▶ 5 財政調整制度の国際比較 ◀

　地方政府間で税源が偏在するため財政力に格差が生じ、また社会的・地理的条件で行政コストに差が生じるため、国と地方あるいは地方間でこうした格差を埋めるため財政調整が必要となる。国（連邦）と地方（州）の税財政格差を調整するための財政調整制度はほとんどの国にあるが、地方間で一般財源の財政調整制度がある国もある。各国の財政調整は、国と地方あるいは地方間で種々の制度が設けられている（アメリカの連邦政府と州政府の間にはない）。

　財政調整制度は、国と地方の間の財政調整を垂直的調整、地方間を水平的調整とよぶ。また財政調整する基準には、財政需要と財政収入がある。これらの区分で各国をみると図表Ⅳ-4のようである。垂直的調整制度があるのは、ドイツ、フランス、カナダ、イギリス、日本などであり、税収力のある税源を国が持つため必要となる。水平的調整制度は、ドイツの州間とスウェーデンの広域政府ランスティングの2か国にある。また調整する基準に関しては、財政収入では税収格差を是正するのがドイツ、フランス、カナダであり、財政収入と財政需要の両者の格差を調整するのがイギリス、日本、スウェーデンである。

　財政調整は一般的には国と地方の税源配分と最終支出のギャップを調整するものであるが、地方間の格差が大きい場合には、地方間での調整も行われている。しかし、地方政府間で地方税を基準として調整すると、地方税は地方政府の権限で徴収されるもので他の政府に格差を理由に移転するのは原理的に問題が指摘される（ドイツでは州税の移転について憲法裁判があった。またスウェーデンでも同様の議論があった）。調整する基準については、より地方の財政状況を勘案するのであれば財政収入と需要の双方を基準に調整すべきであろうが、制度が複雑になり一般的には税収の格差の財政収入を調整する制度が多い。

図表Ⅳ-4　財政調整制度の各国分類

調整財源	調整対象		
	財政収入のみ	財政需要のみ	財政収入・需要
垂直的調整	ドイツ フランス カナダ		イギリス 日本
水平的調整	ドイツ（州間）		スウェーデン

V
東京都と大都市財政制度

▶ 1 東京都の財政 ◀

1 財政規模は縮小傾向

　東京都の人口は、日本の人口のほぼ1割を占めており、財政規模でみても、ほぼ同様の状況であったが、近年その財政的位置は低下してきている。

　1995年頃までは、一般会計ベースでみて、都の水準は、国の10％で、公債費や特別区財政調整会計への繰出し等を除いた政策的経費である一般歳出（国の場合、一般会計から国債費や地方交付税交付金等を除いた部分と比較）ベースで比較すると、15％程度であった。2000年度以降は、一般会計ベースで7～8％、一般歳出ベースで9％程度まで落ちてきている（いずれも当初予算）。

　なお「一般歳出」とは、一般会計の中で、実質的に諸政策に使える部分をいう。一般会計規模が大きくても、一般歳出規模が小さいと、財政が硬直的であるといえる。国の予算では、財政再建の要請から、地方交付税部分を別枠とせず、基礎的財政収支対象経費としている。

　主な原因は、都側の要因としては、バブル崩壊後の財政健全化政策に伴う厳しい歳出削減、国の側の要因としては、1990年代に入って、毎年のように実施してきている様々な経済対策の連続で、2000年代になるまで一貫して右肩上がりの財政であったことにある。さらに、そうした経済対策の恩恵は、都において、比較的少なかった。それ故に投資的経費削減を進めることができたともいえる。

2 租税に占める都税収入の位置

　国税と地方税を合わせた租税全体の中で、地方税の位置は、バブルの

　時期を除けば必ずしも減少傾向にはない。最近では、所得・法人課税を
含めた減税策を国税中心に行っていることもある。しかし、東京都税に
ついては、1955年以降の高度成長期には17％であったが、減少傾向は
続き、2000年頃には12％を下回る水準、その後リーマンショックや地
方法人二税の偏在是正措置の実施で現在５兆6,000円程度であり、国税
が60兆円を超えているため、10％を切ってきている状況にある。
　この間、長期的に地域格差が減少し、農村部の地方税収が伸びたため
に都のウェートが落ちてきたわけではない。都側の要因として、景気後
退などにより法人二税の減収が生じた時もあるが、結果として生じてき
た要因ばかりではない。法人事業税の分割基準変更、法人二税の一部国
税化改革等が都の配分を特に減ずる方向で、ある程度意図的に実施され
てきた経緯がある。こうした部分で東京都は２兆円を超える財源を奪わ
れている傾向といえる。

3　不交付団体は富裕団体か

　東京都は、これまで地方交付税を受けたことのない唯一の都道府県レ
ベルの自治体である。
　地方交付税の算定は、基準財政需要額と基準財政収入額の差額を基に
している。基準財政需要額については、各地方自治体が合理的かつ妥当
な水準で行政活動を行うのに要する一般財源所要額であり、実際の財政
需要ではなく、想定上の数値である。非常に精緻に構成されてはいるも
のの、首都や大都市特有の財政需要など、充分に算定されていない部分
がある。

4　不交付団体になると

　地方交付税の不交付団体は、単に、交付税が交付されないということ
を意味するものではない。これに伴う、様々な財源調整措置（減額措置）
等がある。
　国庫支出金について、地方団体の財政力や財政需要を加味して補助率
に差をつけることにより、財政力指数の高い団体の補助を減額したり、
財政力指数の低い団体の補助を増額したりする措置が設けられてきた。

地方交付税の基準財政需要額を上回る収入は、超過財源、いわば余裕財源として、財源調整の対象となっているのである。

　たとえば、義務教育費国庫負担金は教職員給与費の一部を国の負担とするものであるが、これまで不交付団体については、富裕団体であるとして算定基準を下げてきた。また、公共事業費補助について、財政力指数の低い都道府県の補助率を通常より引き上げたり、不交付団体には、補助率の割落しが実施されてきた。

5 税制改革が実施されると

　国税の税制改革や景気対策により住民税や事業税等の地方税減税が実施されたり、国庫支出金の減額が実施されることもある。

　こうした場合、通常、地方交付税を改革したり、特別の起債を認め、元利償還を交付税でみるといった措置をとられてきたが、不交付団体には関わりがない。不交付団体は交付税では手当てできないのである。地方債の元利償還を地方交付税に頼るシステム、国庫負担金の補助裏負担の交付税算入、ふるさと創生資金など地方交付税算入の仕組みも合わせてみると、ほとんどの地方財政収入源は財政調整機能をもつものとなっている。県レベル唯一の不交付団体である東京都が財政危機に陥る１つの要因となっている。

6 法人事業税の分割基準

　法人が２つ以上の都道府県にまたがって事業展開している場合には、法人事業税の課税標準額を関係都道府県で按分する分割基準を設けている。固定資産の価額、従業者数等を組み合わせて設定するが、この制度変更は、往々にして東京都への配分を少なくする方向に変化してきている。たとえば、1989年には、資本金１億円以上の製造業について、それまでのように本社従業者数を２分の１とすることに加え、工場従業者数を1.5倍に算定することとされた。

7 法人二税の偏在是正措置

　近年では、なんといっても法人二税の偏在是正措置の設定が大きい。

地方間の税源の偏在を是正するという名目の下、これまで国において、都の財源を減らす税制の見直しが行われてきた。
　①法人事業税の暫定措置（2008年度～）
　　　法人事業税の一部を国税化し、譲与税として地方自治体に配分する制度で、消費税を含む税体系の抜本的改革が行われるまでの間の暫定措置として導入されている。
　②法人住民税の地方交付税原資化（2014年度～）
　　　法人住民税の一部を国税化し、地方交付税として地方自治体に配分する制度
　消費税率10％段階（2019年10月）において、①については廃止、②については拡大されることになった。

　地方分権改革の中で、国税から地方税への税源移譲が行われてきて、マクロとしての（国対地方としての）税源配分では、地方のウェートが高まる傾向にあったが、自治体間格差は依然として大きく、その是正を国税である地方交付税ばかりでなく、地方税自体に期待するようになったとみられる。いわば国から地方への垂直調整から自治体間の狭義の水平調整への変容といえる。

▶ 2　東京都財政危機の要因 ◀

１ 歳入面から

　今日の都財政が悪化した最大の原因は、長引く景気の低迷により、歳入の根幹をなす都税収入が、数年に渡り前年を下回るなど、誰にも予測できなかったほどに減少したことにある。東京都における地方税収の構成比は、1975年頃から上昇傾向にあり、1988年度78.8％に達した後低下に転じ1993年度には56.8％、税収額でみても、1991年度の４兆8,494億円をピークに減少し、1994年度には３兆8,601億円であった。この４兆円台前後の水準は2003年度予算まで戻らず、2007年度、税源移譲を受けようやく５兆円台となった。

1999年度恒久的減税の都への影響2,006億円のうち、半分は法人事業税によるもの。法人都民税減税分も入れれば減収の8割が法人課税による。2000年、地方特例交付金による手当ては1,319億円にすぎない。地方交付税についてはすでに、1999年度から、恒久的な減税に伴う地方財源対策として、法人税に対する交付税率が32％から32.5％に引き上げられ、2000年度からは、地方法人関係税の見直しが行われるまでの間、35.8％、その後も多様な改訂が実施されているが、不交付団体たる東京都には関わってこなかった。

　歳入面からは、バブル崩壊後の法人二税（法人事業税、法人都民税）の収入減が、東京都財政圧迫の一因といってよいだろう。

② 歳出面から

　歳出面からの財政危機要因は、美濃部都政時代と鈴木都政時代を比較すると興味深い。

①義務的経費と投資的経費

　税収が伸び悩む中でも、歳出規模は、立ち遅れた社会資本整備のため普通建設事業費を積極的に伸ばすなど、拡大傾向にあった。

　美濃部都政の後、1980年度、性質別歳出決算でみた都の義務的経費構成比は50.5％、人件費比率は39.0％であったが、鈴木都政下におけるリストラの成果で、1993年度には、それぞれ30.8％、24.3％と大幅な減少を示している。この間、都道府県全体の数値では、義務的経費が46.6％から40.0％へ（1993年度）、人件費が36.9％から30.6％へ（同）と6ポイント程の減にとどまっていた。

　一方、投資的経費についてみると、都は、1975年以降（昭和50年代）15％前後で推移していたが、1986年度15.8％から87年度に20.4％、88年度には24.2％と2年間で8.4ポイントも上昇し、1993年度には28.9％にもなっている。この20年間、都道府県全体では、30％前後で比較的安定的に推移していることから、都の値は極めて特異な伸びを示していることがわかる。

②1975年不況と比べると

　鈴木都政初めの財政白書『都財政の現状』（1979年6月）では、都の財政構造の特徴として、歳入構造から、①都税の構成比が高いこと、②都債が都税につぐ主要な財源となっていること、③投資的経費の計上が少ないことも関連して国庫支出金の構成比が低いこと。歳出構造から、④人件費、公債費の増嵩により、義務的経費の構成比がほぼ50％に達していること、⑤都市基盤整備を行う投資的経費の構成比が著しく低くなっていること、⑥特別区財政調整交付金や公営企業への支出金等の準義務的経費を含む補助費等の構成比が高いこと、があげられていたが、①②③⑥については変化はなく、④⑤に大きな変化が見られた故に、財政危機を迎えたといえよう。

　歳出面から見た場合、近年の財政状況悪化の要因は、義務的経費より投資的経費の急増にあった。

▶ 3 特別区（東京23区）の財政 ◀

■1 23区の都区財政調整制度

　国と地方自治体の間の地方財政調整制度である地方交付税は、国の側が自らの財源（所得税、法人税、酒税、消費税、地方法人税）の一部を地方に配分する狭義の垂直的財政調整の仕組みであるが、東京都の特別区においては、他の地域では固有の市町村税として扱われる税を財政調整財源に組み入れる、いわゆる水平的財政調整の仕組みをおいている。市町村税である一部の税が区ではなく都に留保されているのである。結果的に、区の主要税源はほぼ特別区民税（個人分）のみということになる。

　東京都は、通常、市の事務である上・下水道、消防などの事務を実施しているため、本来、市町村税である税（市町村民税法人分、固定資産税、特別土地保有税）の一部を都税として徴収し、貧困区に財源補填するというものである。最近まで、基準財政収入額が基準財政需要額を上回る富裕区について、超過額を納付金として納付し、都の調整資金と合わせ財源補填する制度もあったが、1998年の地方自治法改正により、2000

年度から廃止されている。かつて、千代田区、港区などで納付金を出していた時期もあったが、近年、こうした区はなく、廃止の実質的影響はない。

道府県には見られない方式で、県レベルの自治体である都が財政調整を行っているのは、東京都が首都であり23区を一体と考えているためである。特別区のあり方も含め、批判がないではないが、決定に際し都と区の間で都区財調協議が行われること、共同税的内容をもっていること、都に法人住民税、区に個人住民税という配分を行っていること等、分権論の中からみるべき点も多い。

都心区への集中度合いは地方交付税制度で対応不可能なほど大きなものである。1965年、制度の創設時は調整税が固定資産税と市町村民税法人分の二税、条例で定める調整率は25％。その後、特別土地保有税が加わり調整三税、調整率は44％となった。1998年度の地方自治法改正では、23区は「基礎的な地方公共団体」とされ、2000年より清掃事業が都より移管、介護保険制度の導入もあって、調整率は52％（都が48％）となった。また、市町村税の中で、都に留保されてきた入湯税、ゴルフ場利用税交付金、航空機燃料譲与税が特別区に財源移譲された。特別区債については、都知事の許可を必要としていたが、分権改革による地方債許可制度の基本的廃止に伴い、2006年より事前協議制となっている。（特別土地保有税は2003年度の税制改正により当分の間、新たな課税は停止となっている）。2007年4月より、調整率は55％（都45％）、普通交付金は95％、特別交付金は5％となっている。

② 特別区の歳入・歳出

特別区は、特別地方公共団体として、普通市よりも財源、機能が小さいものの、公選の区長、区議会をもっている。この点で、政令指定都市の行政区とは全く異なるものである。

政令指定都市とともに、東京の23特別区も、「類似団体別市町村財政指数表」からは除かれているため、必然的に他の22区との比較によって財政状況をみることになる。普通会計の財政規模は人口規模の格差が大きいこともあって、近年増加系統にあるとはいえ、人口7万人を下

図表Ｖ-1　特別区財政調整交付金算定の仕組み

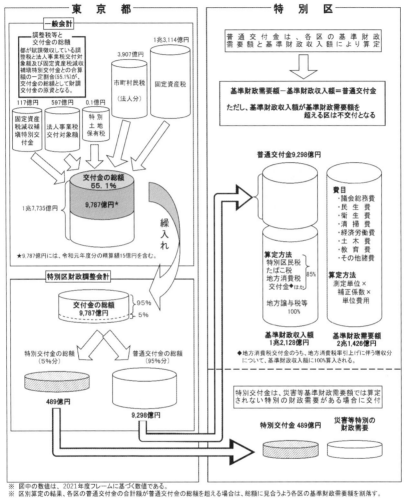

※　図中の数値は、2021年度フレームに基づく数値である。
※　区別算定の結果、各区の普通交付金の合計額が普通交付金の総額を超える場合は、総額に見合うよう各区の基準財政需要額を割落す。

出所：東京都資料。

回る千代田区800億円から90万人超の世田谷区の4,000億円規模までかなり多様である。機能分担状況から、都市に比べ、概して投資的経費のウェートは小さく、義務的経費は大きい。また、地方交付税の算定上、特別区全体を市とみなし、東京都分も含め不交付団体ということとなる

が、都区財政調整交付金の普通交付金としては、港区を除くすべての区が交付団体、財政力指数は港区の1.2を除けば1を下回り平均で0.6程度である。区の「決算状況調」における基準財政需要額、収入額は、都区財調による算定である。

　こうした特殊性の故に、都心部の夜間人口が少なく、大企業が多く存在し、地価の高い区や、その住民から税制面など不満の声もある。千代田区では、かつて、普通地方公共団体「千代田市」となるという目標を基本構想に盛り込んだこともある。

　〔注〕千代田区は、第三次長期総合計画の基本構想「千代田区第三次基本構想―千代田新世紀構想」(2001年10月) で、「千代田市」を目指す構想を明らかにした。
　　　地方自治法改正により、基礎的地方公共団体と位置づけられた特別区であるが、大都市行政の一体性・統一性確保のため、本来市の税である住民税法人分、固定資産税、特別土地保有税が都に留保され、一方、消防・上下水道などの事務処理権限も都に置かれたままとなっている。

　基本構想では、①「千代田市」をめざし、新しい自治のあり方を発信する、②100万人を活力とする自治体「千代田」をつくる、の二本柱を掲げ、税負担と行政サービスの関係を明確にした区民サービスの充実、住民自治の確立、夜間人口のみでなく100万人の昼間区民や企業を対象とした行財政運営をするとした。

3 特別区の検討課題

　三位一体改革の中、基礎的な地方公共団体として、自治機能を高めてきているところであるが、現状では、普通の市ではなく、政令指定都市になる可能性もない。より普通の市に近いものとなる方向で、都と区の役割について議論していく必要があろう。

　都心区と周辺区では需要がかなり異なる。夜間には人の住まない都市がいかに異常なものなのかを再認識し、都心区では住みたくなるまちづくり、公共サービスのあり方を考え、昼間人口向けサービスと夜間人口向けサービスとの融合、昼間人口をいかにコミュニティに取り込むか、負担者としても取り込めるかが課題となる。また、周辺区では居住環境と福祉に留意して個人向け経常的サービスをいかに進めていくかに重点

が置かれるべきである。

４ 都内市町村財政との相違点

2020年度の都内市町村と特別区を比較してみよう。

歳入面では、市町村は、地方税が33.4%、地方交付税が2.6%、国庫支出金が35.5%、都支出金が12.2%、地方債が3.7%であり、特別区の平均では、特別区税が22.0%、特別区財政調整交付金が19.0%、国庫支出金が33.5%、特別区債が1.2%である。したがって、特別区は、自らの税に頼る割合が少なく、都と税源を共有している財政調整交付金に頼る部分が大きいのが特徴である。これを合わせると41.0%になり、地方交付税分を含んだ都内市町村を上回る。一般財源で比較しても、特別区は46.6%、都内市町村では41.4%となる。また、特別区は、起債に頼る部分が近年とくに少ない傾向があり、都心部の区では区債発行が全くないところもある。

性質別歳出では、市町村では、人件費11.1%、扶助費24.1%、公債費3.8%であり、したがって義務的経費は39.0%、また投資的経費は7.9%である。特別区は、人件費12.6%、扶助費25.7%、公債費1.1%であり、義務的経費としては39.4%、投資的経費は10.1%となる。

事務配分の関係から、特別区の人件費比率が若干高いことが特徴といえる。一方、特別区の地方債は極めて少なかったところであるが、投資的経費についてはむしろ特別区の方が大きい。また、近年、委託事業が増える中で人件費は減少傾向にあるが、目的別経費における民生費部分、性質別では扶助費部分の増加傾向は特別区、市町村ともに共通するものである。高齢化が著しく進行する状況では、サービス提供の中身とともに、財政問題としても課題となる。

図表V-2　特別区の歳入決算

（単位：百万円、%）

区　　分	2020年度		2019年度		対前年度比較	
	決算額	構成比	決算額	構成比	増減額	増減率
歳入総額	5,191,559	100.0	4,071,061	100.0	1,120,498	27.5
一般財源	2,420,719	46.6	2,491,639	61.2	△ 70,920	△ 2.8
特別区税	1,139,992	22.0	1,125,176	27.6	14,816	1.3
うち特別区民税	1,065,859	20.5	1,044,135	25.6	21,724	2.1
地方譲与税	14,297	0.3	14,801	0.4	△ 504	△ 3.4
各種交付金	271,950	5.2	228,772	5.6	43,178	18.9
地方特例交付金 ※	7,086	0.1	23,665	0.6	△ 16,579	△ 70.1
特別区財政調整交付金	987,396	19.0	1,099,226	27.0	△ 111,830	△ 10.2
特定財源	2,770,840	53.4	1,579,422	38.8	1,191,418	75.4
国庫支出金	1,738,901	33.5	699,868	17.2	1,039,033	148.5
都支出金	388,518	7.5	312,275	7.7	76,243	24.4
繰入金	198,157	3.8	148,970	3.7	49,187	33.0
繰越金	133,451	2.6	122,908	3.0	10,543	8.6
地方債	63,952	1.2	43,548	1.1	20,404	46.9
その他	217,860	4.8	251,852	6.2	△ 3,992	△ 1.6

※地方特例交付金について、令和元年度の決算額は子ども・子育て支援臨時交付金を含んだ額である。

出所：東京都HP。

図表V-3　特別区の歳出決算

（単位：百万円、%）

区　　分	2020年度		2019年度		対前年度比較	
	決算額	構成比	決算額	構成比	増減額	増減率
歳出総額	4,991,441	100.0	3,916,272	100.0	1,075,169	27.5
義務的経費	1,967,839	39.4	1,896,932	48.4	70,907	3.7
人件費	627,303	12.6	602,869	15.4	24,434	4.1
うち職員給	392,916	7.9	395,359	10.1	△ 2,443	△ 0.6
うち退職金	47,674	1.0	48,595	1.2	△ 921	△ 1.9
扶助費	1,283,775	25.7	1,224,568	31.3	59,207	4.8
公債費	56,761	1.1	69,495	1.8	△ 12,734	△ 18.3
投資的経費	503,843	10.1	518,244	13.2	△ 14,401	△ 2.8
普通建設事業費	503,253	10.1	517,715	13.2	△ 14,462	△ 2.8
うち補助事業費	154,788	3.1	140,377	3.6	14,411	10.3
うち単独事業費	348,465	7.0	377,338	9.6	△ 28,873	△ 7.7
その他の経費	2,519,759	50.5	1,501,097	38.3	1,018,662	67.9
物件費	723,288	14.5	677,482	17.3	45,806	6.8
補助費等	1,239,983	24.8	218,783	5.6	1,021,200	466.8
積立金	182,027	3.6	223,130	5.7	△ 41,103	△ 18.4
繰出金	313,950	6.3	316,722	8.1	△ 2,772	△ 0.9
その他	60,511	1.2	64,980	1.7	△ 4,469	△ 6.9

出所：東京都HP。

図表V-4　都内市町村の歳入決算

（単位：百万円、％）

区　　分	2020年度		2019年度		対前年度比較	
	決算額	構成比	決算額	構成比	増減額	増減率
歳入総額	2,238,729	100.0	1,706,856	100.0	531,874	31.2
一般財源	927,615	41.4	915,073	53.6	12,542	1.4
地方税	747,109	33.4	751,282	44.0	△ 4,173	△ 0.6
うち市町村民税	360,219	16.1	368,067	21.6	△ 7,848	△ 2.1
うち固定資産税	300,028	13.4	296,739	17.4	3,289	1.1
地方譲与税	7,178	0.3	7,045	0.4	133	1.9
各種交付金	110,011	4.9	88,366	5.2	21,645	24.5
地方特例交付金 ※	4,825	0.2	10,236	0.6	△ 5,411	△ 52.9
地方交付税	58,492	2.6	58,143	3.4	348	0.6
特定財源	1,311,114	58.6	791,783	46.4	519,331	65.6
国庫支出金	794,431	35.5	289,118	16.9	505,313	174.8
都支出金	272,099	12.2	246,973	14.5	25,125	10.2
地方債	83,872	3.7	80,899	4.7	2,974	3.7
繰越金	50,329	2.2	48,831	2.9	1,498	3.1
その他	110,383	4.9	125,962	7.4	△ 15,579	△ 12.4

※地方特例交付金について、令和元年度の決算額は子ども・子育て支援臨時交付金を含んだ額である。

出所：東京都HP。

図表V-5　都内市町村の歳出決算

（単位：百万円、％）

区　　分	2020年度		2019年度		対前年度比較	
	決算額	構成比	決算額	構成比	増減額	増減率
歳出総額	2,163,738	100.0	1,655,438	100.0	508,300	30.7
義務的経費	843,798	39.0	817,379	49.4	26,419	3.2
人件費	239,768	11.1	226,240	13.7	13,527	6.0
うち職員給	142,779	6.6	144,379	8.7	△ 1,600	△ 1.1
うち退職金	13,681	0.6	15,145	0.9	△ 1,465	△ 9.7
扶助費	521,561	24.1	505,919	30.6	15,642	3.1
公債費	82,470	3.8	85,220	5.1	△ 2,750	△ 3.2
投資的経費	170,031	7.9	165,202	10.0	4,830	2.9
うち普通建設事業費	165,606	7.7	161,838	9.8	3,769	2.3
うち補助事業費	53,187	2.5	46,403	2.8	6,784	14.6
うち単独事業費	110,716	5.1	114,011	6.9	△ 3,295	△ 2.9
その他の経費	1,149,908	53.1	672,857	40.6	477,051	70.9
物件費	286,435	13.2	263,959	15.9	22,476	8.5
補助費等	638,357	29.5	166,683	10.1	471,664	283.0
積立金	55,306	2.6	54,489	3.3	817	1.5
繰出金	151,011	7.0	175,048	10.6	△ 24,037	△ 13.7
その他	18,808	0.9	12,678	0.8	6,130	48.4

出所：東京都HP。

▶ **4 政令指定都市財政の読み方** ◀

1 指定都市の制度と機能

　戦前より横浜市、名古屋市、京都市、大阪市、神戸市の５大都市と東京市（1943年に東京都となる）を加えた６大都市は、戦後の地方自治法で特別市として規定された。しかし、都道府県の区域外（独立する）とする条項が盛り込まれていたため結果的には特別市の規定は1956年に改正され、指定都市制度が導入されて前記の５大都市が最初の指定都市となった。大都市制度は合理的で効率的な運営と市民福祉の増進を図るために設けられた制度である。

　指定都市（以下、政令市とする）とは、まさに政令で指定する市であり政令指定都市や政令市などと呼んでいる。政令市は地方自治法では「政令で指定する人口50万人以上の市」と規定されているが、実際には人口100万人程度が指定の要件であった。しかし平成の大合併において要件が緩められ、70万人程度の人口が将来見込まれ行政能力などが既存の政令市と比較してそん色ないことなどの要件を満たしていれば指定されてきた。先の５都市にその後、札幌市、仙台市、川崎市、広島市、北九州市、福岡市、千葉市が指定され久しく政令市は12市となった。そして平成の大合併の後、さいたま市からはじまって静岡市、堺市、新潟市、浜松市、岡山市、相模原市、熊本市が指定を受け2022年８月現在、20市が政令市となっている。

　政令市の人口は、横浜市380万人弱から70万人弱の静岡市まで５倍以上の開きがある。政令市全体の居住人口は日本の人口の２割を占めている。一方、人口密度は、最大の大阪市12,000人から最小の静岡市、浜松市の500人弱まで格差は24倍となっている。政令市といっても全体が人口密集都市ではなく、市内に過疎地を含む場合もある。

　政令市といえども、少子高齢化の影響からは逃れられず、かつて100万人口を有した北九州市は大台を下回り、比較的新しく政令市になった静岡市が70万人割れとなったニュースは記憶に新しい。

図表Ｖ-6　政令指定都市の一覧　2021年4月1日現在

都市	指定時人口 （千人）※1	人口 （千人）※2	移行年月日	指定政令※3
大　阪　市	2,547	2,752	昭和31年9月1日	昭和31年 政令第254号
名 古 屋 市	1,337	2,332	昭和31年9月1日	
京　都　市	1,204	1,464	昭和31年9月1日	
横　浜　市	1,144	3,777	昭和31年9月1日	
神　戸　市	979	1,525	昭和31年9月1日	
北 九 州 市	1,042	939	昭和38年4月1日	昭和38年 政令第10号
札　幌　市	1,010	1,973	昭和47年4月1日	昭和46年 政令第276号
川　崎　市	973	1,538	昭和47年4月1日	
福　岡　市	853	1,612	昭和47年4月1日	
広　島　市	853	1,201	昭和55年4月1日	昭和54年 政令第237号
仙　台　市	857	1,097	平成元年4月1日	昭和63年 政令第261号
千　葉　市	829	975	平成4年4月1日	平成3年 政令第324号
さいたま市	1,024	1,324	平成15年4月1日	平成14年 政令第319号
静　岡　市	707	693	平成17年4月1日	平成16年 政令第322号
堺　　　市	830	826	平成18年4月1日	平成17年 政令第323号
新　潟　市	814	789	平成19年4月1日	平成18年 政令第338号
浜　松　市	804	791	平成19年4月1日	
岡　山　市	696	725	平成21年4月1日	平成20年 政令第315号
相 模 原 市	702	725	平成22年4月1日	平成21年 政令第251号
熊　本　市	734	739	平成24年4月1日	平成23年 政令第323号

※1　指定時人口は、5大市 昭30.10　北九州市 昭40.10　札幌市・川崎市・福岡市 昭45.10　広島市 昭50.10　仙台市 昭60.10　千葉市 平2.10　さいたま市・静岡市・堺市 平12.10　新潟市・浜松市・岡山市・相模原市 平17.10　熊本市 平22.10の国勢調査人口を用いた。
※2　人口は、令和2年国勢調査（確定値）を基に作成している。
※3　地方自治法第252条の19第1項の指定都市の指定に関する政令（北九州市の指定からは同政令の一部を改正する政令による。）

出所：総務省HP。

　政令市に指定されると、市域を複数の行政区に分けて区役所を設置することができる。ただし、東京都の特別区が設置する区役所は特別地方公共団体で市と同様の事務権限をもち議会も設置しているが、行政区は支所としての機能しか有しない。政令市の事務については、地方自治法で大都市特例の規定で都道府県の事務のいくつかが委譲されている。たとえば、児童福祉、生活保護、母子保健、食品衛生など市民の健康や福祉に関する多くの事務、また都市計画、土地区画整理事業などについても委譲されている。関与については知事から主務大臣の監督となる。

　なお、大都市制度としては、政令市以外にも、人口規模等により中核市（人口30万人）と特例市（人口20万人）が地方自治法により指定され、それぞれ都道府県から一定の権限が委譲されていたが、2015年に特例市は廃止となり、20万人規模で中核市に昇格できるよう要件が緩和された。廃止時に特例市だった市のうち中核市等に移行しなかった市は施行時特例市として、特例市としての事務を引き続き処理する経過措置がとられている。

図表V-7　政令市と中核市

	政 令 市	中 核 市
要　　　　　件	人口50万人以上で政令で指定する市	人口30万人以上で政令で指定する市（2007年4月35市）
事務配分の特例	都道府県が処理する事務のうち社会福祉事業、児童福祉、老人福祉、生活保護、母子保健、食品衛生、都市計画、土地区画整理事業などに関する事務を委譲	政令市が処理する事務のうち道路法に関する事務、児童相談所の設置などを除く
関 与 の 特 例	知事の監督を要する事務に監督の必要をなくし、または知事の監督に代えて主務大臣の監督となる	福祉に関する事務以外は原則として関与の特例はない
行政組織上の特例	行政区の設置が認められる	行政組織上の特例はない
財 政 上 の 特 例	地方税中 地方譲与税の割増 宝くじの発行 普通交付税の態様補正	普通交付税の態様補正

2 政令指定都市の財政状況

　経済理論では一般的には規模の大きいほど効率的であり、いわゆる規模の利益を享受できるとされている。しかし、自治体に関しては必ずしも人口と面積の規模が大きいからといって規模の利益には与れない。実証分析では、人口10万人から20万人程度の都市で行政コストが最も安くなるという結果もあるが、面積や地勢、産業構想などの相違を考慮すると一概にはいえない。なにより、権限と機能が大きいがゆえに、概して市町村全体の数値より、政令市の財政状況は悪いといえる。

　政令市の財政状況を2019年度決算によってみると、財政力指数が最も高いのは川崎市で政令市では唯一の不交付団体である一方、札幌市や北九州市など地方圏は概して財政力が弱い。経常収支比率で弾力性をみても、岡山市以外すべて90％を上回っており、京都市や相模原市のように100％に近くかなり硬直化しているところもある。1人当たり人件費は京都市、大阪市、神戸市の近畿圏が最も高い値を示しており、大阪市や京都市の扶助費も高い水準にある。さらに1人当たり地方債残高については、北九州市が100万円ほどで、かつて100万円を上回っていた大阪市は90万円を下回る水準まで引き下げてきた。

　政令市は都道府県なみの行政権限を持ち、市長も相応の政治力を発揮しながら運営している。その結果、過去の負債を引きずりながらいまだに困難な財政運営を強いられている様子が窺える。現在のところ、行政区の予算、区長の選任など、自治と分権に向けた改革の取組みが行われてきているところである。

3 政令指定都市への移行前夜

　政令指定都市への移行は、権限や事務移譲に伴う自治の発展への期待は大きい。しかし、現行の地方財政制度、地方財政対策の下で、事務移譲によって財政上どのような変化があるのか、財源保障と負担増がどうなるのかという不安も大きい。合併を経て政令指定都市となった相模原市の財政について、中核市時代を振り返りながらその状況をみていこう。

　相模原市の決算状況調から中核市時代末期の財政状況をみると、歳入に占める地方税の割合は2008年度の56.1％に対し、2009年度は48.8％

図表V-8　政令市の財政状況（2019年度決算）

都道府県名	団体名	財政力指数	経常収支比率	実質公債費比率	将来負担比率	ラスパイレス指数
北海道	札幌市	0.73	95.3	2.1	49.7	99.6
宮城県	仙台市	0.91	98.7	6.1	78.8	102.4
埼玉県	さいたま市	0.98	98.9	5.3	32.0	102
千葉県	千葉市	0.93	98.5	12.9	138.3	101.3
神奈川県	横浜市	0.97	101.2	10.2	140.4	100.2
神奈川県	川崎市	1.02	100.3	7.5	123.7	101.1
神奈川県	相模原市	0.89	99.8	2.7	31.3	99.3
新潟県	新潟市	0.70	94.9	10.5	139.6	98.8
静岡県	静岡市	0.89	94.7	6.4	48.9	102.6
静岡県	浜松市	0.87	92.7	5.5	-	100.0
愛知県	名古屋市	0.99	99.6	8.2	104.8	99.4
京都府	京都市	0.80	98.9	10.4	191.1	101.8
大阪府	大阪市	0.92	93.4	3.2	21.2	96.5
大阪府	堺市	0.81	100.7	5.3	9.4	100.3
兵庫県	神戸市	0.79	99.3	4.6	66.1	100.3
岡山県	岡山市	0.79	90.2	5.6	-	100.5
広島県	広島市	0.83	98.4	12.4	183.7	99.9
福岡県	北九州市	0.71	99.6	9.9	170.8	101.7
福岡県	福岡市	0.89	92.9	10.2	112.3	101.8
熊本県	熊本市	0.70	91.6	6.6	126.7	100.1
政令指定都市平均		0.86	97.3	7.3	91.6	99.9
全国市町村平均		0.51	93.6	5.8	27.4	-

出所：総務省HP。

となっており、リーマンショック後の金融危機の影響を受けている。一方で、国庫支出金は国の経済活性化策による補正対応で12.3％から17.6％へ、地方債は7.3％から10.2％へと増加している。

　税については、個人市民税と固定資産税が中心で法人税割に頼る部分は少ない。したがって、市内の企業活動に財政が受ける影響は、他の工業都市に比べれば限定的といえ、その面からは安定的な財政構造を示している。市民税の法人税割は2008年度、62億8,000万円から2009年度

には33億5,000万円と半分近くに減少し、市税減収分の3分の2を占めていた。減少幅をみれば金額的には小さいとはいえないが、市税に占める割合としては5.5％から3.0％へのダウンに止まっている。全国的に、国・地方の税収確保が厳しき折では、まだダメージは少ない方といえる。財政力指数も近年1程度であり、2009年も前年と同様1.06となっている。ただ、税収減のため、経常収支比率が高くなってきていることが気になる点ではある。また、市民税の徴収率が低下傾向にあることもみておかなければならず、対策の強化が課題の一つとなる。

　歳出は、類似団体（中核市）比較でみて、決算額に占める人件費、物件費は類似団体より若干高いが、扶助費、公債費は若干低い。人件費は2008年度、22.7％から2009年度、20.1％へ、職員給については16.1％から14.0％に減少している。投資的経費は類似団体よりやや高い水準にあり、これらの年で変化はないが、補助事業から単独事業中心へとシフトしている。政令指定都市となることで、しばらくは人員配置や財源の調整に悩む状況となるだろう。

　2009、2010年度の予算からは、歳入面で指定都市移行関連の交付金、譲与税などによる増収、歳出面では、国県道整備費、直轄事業負担金などの土木費の増や移行事務的経費による民生費増など若干の変化がみられる。しかし、近年、指定都市に昇格したいくつかの団体がそうであったように、景気の動向によって決算ベースでも明らかな数値の変化がみられるかどうかははっきりしない。とくに、政権交代による子ども手当などの政策変更、さらに震災後の経済も考え合わせると、当面、政令市移行の影響は明確には見えにくいように思われる。

　今後の課題としては、政治的な面の問題をどう解決するかが重要である。合併で面積が大きくなったことは民主主義の観点からはマイナスであり、市長、議員、市職員と市民との距離が離れることは確かである。行政区にある程度の予算を配分し、各区内で決定できる仕組みを作っていけるか、さらにその部分をどう大きくしていけるかが地方自治の課題となろう。財政面での大規模な市内分権、行政区などへの財源配分、あるいは税源移譲の検討が望まれる。日本では、全国的にみても、まだまだこのあたりの対応は遅れているが、ここの制度変更を始めないと、自

治体の広域化と民主主義的決定の両立を財政面から補強することにはならない。少しずつでも検討を進めることにより、日本の自治体として先進的試みを進めることを期待したい。

4 政令指定都市昇格による財政の変化

普通市から特例市、中核市移行による財政的変化は、基準財政需要額算定上の態様補正が中心でそれほど大きいものではないが、政令指定都市の場合は比較的幅広く多様である。

政令指定都市の場合、政令指定都市移行に伴う事務移譲や行政組織の変更などによる新たな行政需要に対応して、国や県から財源の譲与、または交付金・支出金について増額などの措置がとられるというのが一般的説明であるが、細かく見れば以下のようなことが影響をもつ可能性がある。

歳入に関するもの

①特定財源

・国県支出金

国庫支出金の交付申請、交付決定及びその取消などの事務の一部は、政令指定都市については都道府県知事に委任せず、各省庁の長が直接行うものがある。また、県から事務移譲により県支出金がなくなるもの、県支出金から国庫支出金に代わるものがある。

・地方債

許可が県と同様、直接総務大臣になる。事業区分ごとに起債の1件最低限度額が引き上げられる。起債許可予定額の枠配分が、県の総額から政令指定都の単独枠配分となり、事業別の起債充当率が変更される。

・使用料・手数料など

県からの事務移譲に伴い、使用料・手数料など若干の増収が見込まれる。

②一般財源

・市民税

　同一の市において２つ以上の区に事務所・事業所などを有する個人又は法人の場合、それぞれの区において市民税の均等割がかかる。

・固定資産税

　大規模償却資産に対する固定資産税の課税標準の特例は適用されない。また、２つ以上の区に固定資産を持っている場合は、各区ごとに免税点を判定することになる。

・地方揮発油譲与税（使途制限なし）

　都道府県と政令指定都市に対して、地方道路税（国税）の収入額の100分の58を、一般国道、県道、知事・政令指定都市の長が管理する道路の延長・面積に按分して譲与される。（市町村の市道に按分する100分の42に上乗せ交付）

・石油ガス譲与税（新規）（使途制限なし）

　都道府県と政令指定都市に対して、石油ガス税（国税）の収入額の２分の１を、一般国道、県道、知事・政令指定都市の長が管理する道路の延長・面積に按分して譲与される。

・軽油引取税交付金（新規）

　政令指定都市に対して、軽油引取税（県税）の収入額の10分の９を、当該区域にある一般国道及び県道の面積割合に応じて交付される。

・地方交付税

　地方交付税額算定の基礎となる基準財政需要額の算定に当たり、測定単位の数値の補正において、人口・人口密度・市の態様などで政令指定都市の特殊性が考慮されるほか、事務移譲による数値の増加により、交付額の増加が見込まれる。

・交通安全対策特別交付金

　都道府県や市町村に対して、交通反則金による収入額を、交通事故の発生件数及び人口の集中度などを考慮して政令で定めるところにより交付される。政令指定都市については、当該都市の政令指定都市基準額に４分の３を乗じた額が交付される。

・当せん金付証票（宝くじ）発売収入

　都道府県、政令指定都市、総務大臣により指定された市は、当せん金証票法が定めるところにより当せん金付証票を発売することができる。

歳出に関するもの

①移譲事務及び行政組織の変更に伴う支出

　政令指定都市においては、民生・保健衛生・都市計画など住民生活に直結する多くの事務が県から移譲されるが、これに伴い、新たな行政施設・審議会などの設置や、職員の増員などが必要となるほか、区ごとに選挙管理委員会が設置されるなど、移譲事務の執行や行政組織の変更などによる経費の増加などが見込まれる。

②土木・建設関係の支出

　市域内の国道の小規模な新設・改築工事や、指定区間外国道及び県道の管理を行うこととなるための経費増が見込まれる。

　（影響の資料は豊橋市及び環浜名湖政令指定都市構想研究会資料をベースにその後の改正点等を追加）

5 政令市移行後の相模原市

　図表Ⅴ-9によって政令指定都市移行後の決算状況を金額ベースでみると、市税減収の影響等で財政状況が厳しくなっている様子がみえ、基準財政収入額も減少した。ただ、これは国際的・国内的経済状況も要因であり致し方のない面もある。しかし、より問題なのは、基準財政需要額があまり動いていないことである。

　基準財政需要額の変化と実際の歳出総額の変化を比較してみても、中核市時代から明確な関係はえられない。2009年度と2010年度との変化幅も3割を下回る。もちろん、基準財政需要額に含まれる財政分野は歳出の一部であり、また決算ベースでの歳出とも直接関係があるわけではない。しかし、結果としては、事務移譲による需要が十分に反映されていないのではないかとの疑念は否めない。むしろ、政令指定都市となったことよりも合併の方が大きな変化を示しており、2005年度、2006年度の方が、基準財政需要の変化に大きな効果をもっていたようである。

　図表V-10によって近年の歳入内訳（歳入に占める割合）をみると、市税の減収と国庫支出金と地方債の増加傾向がある。2010年度、政令指定都市の平均と比べると、国庫支出金と地方債に大きな違いはないが、交付税の少ない分地方税比率が多い。

　また、歳出面の変化をみると、目的別では扶助費等、性質別では民生費の伸びがみられている。性質別では、民生費の増と人件費の減少傾向がみられる。なお、2009年度の大幅な歳出増は、目的別では商工費増、性質別では補助費等などであり、中小企業向け低利融資の設定が大きい。

　2010年度の歳出内訳（歳出に占める割合）を政令指定都市平均と比べると、目的別分類では、民生費が4ポイント、総務費が3ポイント高い一方、公債費が4ポイント、商工費が3ポイント低い。性質別分類では、人件費が4ポイント、扶助費が1ポイント、物件費が4ポイント、普通建設事業費が4ポイント程度高い一方で、公債費と補助費等はそれぞれ4ポイント、投資・出資金・貸付金が6ポイント低い。民生費が大きい割には扶助費が大きくないところから、人件費を伴う民生関係支出、そして総務関係人件費が大きいことがうかがえる（図表V-11、V-12）。

　このように、これまで相模原市として人件費を減らす努力をしているところではあるものの、他の政令指定都市との比較でみれば、まだ人件費のウェートは大きい水準にあるということになる。一方で、民生費は増加傾向にある。今後は、基準財政需要額に算定される金額と実際の給与水準を比較しつつ、公共サービスと雇用、とくに一般行政分野や福祉分野における雇用のあり方をみていくべきだろう。

　それでも全体としては、現在のところ財政状況は良好な方であり、政令指定都市初期段階の財政運営は、できるかぎり借入に頼ることなく雇用とサービスを重視すべきということなる。

図表V-9 相模原市の歳入・歳出と基準財政需要・収入額

単位億円、（ ）内は%

	2004年度	2005年度	2006年度	2007年度	2008年度	2009年度	2010年度
	中核市	中核市 18年3月合併	中核市 19年3月合併	中核市	中核市	中核市	政令市（4月）
地 方 税	933.2	1003.5	1062.2	1154.5	1151.1	1105.6	1069.1
地 方 譲 与 税	25.0	38.2	65.9	17.0	16.3	15.3	20.2
軽油引取税交付金							30.3
地 方 交 付 税	4.7	26.3	41.9	41.7	45.0	48.8	39.7
国 庫 支 出 金	189.1	190.5	208.3	237.6	253.4	399.3	374.8
地 方 債	150.0	140.3	138.6	147.3	149.6	231.8	287.9
歳 入 総 額	1659.3	1844.1	1971.8	2046.4	2053.7	2265.4	2359.8

	2004年度	2005年度	2006年度	2007年度	2008年度	2009年度	2010年度
基準財政収入額	744.7	804.5	897.0	907.1	924.4	887.8	848.1
基準財政需要額	737.5	791.9（△54.4）	865.2（△73.3）	851.6（▽13.6）	861.6（△10.0）	857.7（▽3.9）	877.2（△19.5）
歳 出 総 額	1603.5	1757.5（△154.0）	1901.4（△143.9）	1975.4（△74.0）	1987.3（△11.9）	2196.9（△209.6）	2266.0（△70.0）

基準財政需要額の変化幅/歳出合計の変化幅

	2005年度	2006年度	2007年度	2008年度	2009年度	2010年度
	35.30%	50.90%	-	84.0%	-	27.9%

出所：決算カード各年度版より作成。

図表Ⅴ-10　歳入内訳（主要なもの）（単位：％）

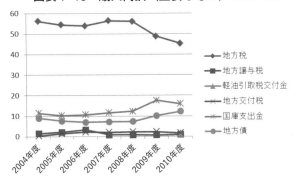

凡例：地方税、地方譲与税、軽油引取税交付金、地方交付税、国庫支出金、地方債

出所：決算カード各年度版。

図表Ⅴ-11　性質別歳出（主要なもの）（単位：％）

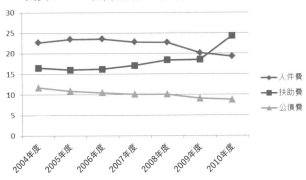

凡例：人件費、扶助費、公債費

出所：決算カード各年度版。

図表Ⅴ-12　目的別歳出（主要なもの）（単位：％）

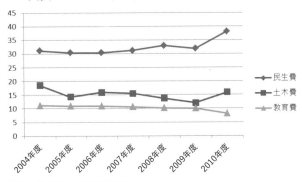

凡例：民生費、土木費、教育費

出所：決算カード各年度版。

VI
地方行財政改革の取組み

▶ 1 新公共経営(NPM)の行財政改革から
新公共ガバナンスのステージ ◀

1 新公共経営の考え方

　新公共経営はNew Public Managementの訳である。すでに聞きなれた用語であるが、語源はイギリスの行政学者C.フッドがまとめた論文 "A Public Management for all Seasons?"（1991年）に解説されて登場した。わが国でも関連した書籍が出版され、1990年代後半頃から行財政改革の標語ともなってきた。

　新公共経営の理論は、依頼人と代理人の契約関係等を論じるエージェンシー理論や取引の最適条件を求める取引コスト理論、あるいは組織の部局極大化理論などの新制度派経済学を論拠としているとされる。これらは公共部門の独占性や情報の不完全性あるいは権力的支配性といった特殊性をできるだけ市場メカニズムに当てはめるように、行政内部や市民との関係を契約関係において官僚行動を特定した上で、非効率の問題を解決していく理論である。

　NPMは「アングロサクソン系諸国を中心に行政実務の現場を通じて形成された革新的な行政運営管理論である。その核心は、民間企業における経営理念・手法、さらに成功事例などを可能なかぎり行政現場に導入することを通じて行政部門の効率化・活性化を図ることにある」（大住荘四郎『ニュー・パブリックマネジメント』日本評論社、1999年）とまとめられている。行政も民間と同じ経営理念をもち、業績によって組織を管理運営し効率化・活性化を図ろうというものであり、業績マネジメントを行政に導入する。行政サービスの事務事業評価や予算マネジメントはNPMの実践である。

❷ 行政サービスの評価：事務事業評価のこれまでとこれから

　NPMは、行政サービスの体制を一新した。それまでの「お役所仕事」は、"住民"が顧客と位置付けられたことから、自治体はお上からまさに"住民"の僕となって、自らの行動を評価しながら改革に取組み始めた（住民とは地域的に利害をもって利己的であるのに対して、市民は良識ある規範的な主体という意味あいの違いがある）。国は2001年に政策評価法を制定し、内閣府により各省庁に事務事業の政策評価が義務付けられた。また自治体も法的な義務付けはされなかったが、国が作成した「行政評価マニュアル」（2000年公表）に基づき、任意に事務事業評価等の名称で実施された。

　これらの行政評価なり政策評価は、NPMの考えに基づくものであり、自治体でもバランスシート等の企業類似の決算書作りが始まった。行政評価等は多くの自治体で日常的に行われ、予算査定や予算編成に活用するなどしてしばらくは活用されてきた。しかしその後、事業評価の成果が見えづらく評価の信頼性も低下して低調となった。民主党政権下で鳴り物入りで公開された「事業仕分け」も急速に終演を迎えた。

　こうしたことは発祥の地であるイギリスでも同じ道を歩んできた。イギリス政府が2000年代に入って自治体に義務付けた業績指標（Performance Indicators）による評価制度は、コスト対ベネフィットからメリットがないことが明らかとなり、2010年にはすでに廃止されている。

　こうした行政活動を評価すること自体は、いま始まったものではない。すでに1930年代のアメリカの自治体では、消防や福祉、図書館サービスのコストを自治体ごとに算定して業績測定による行政サービスの改善が図られていた。またベンチマークによる業績測定の研究も始まっていた。当時、行政評価に関する先駆的研究書が後のノーベル経済学者H.サイモンと行政研究家C.リドリーによって『行政評価の基準－自治体活動の測定』（本田弘訳，北樹出版，1999年。原文は、H. A. Simon and C. E. Ridley, Measuring Municipal Activities —A Survey of Suggested Criteria for Appraising Administration, 1938.）として著されていた。

　さて、あらゆる組織でいえることであろうが、第三者からのチェックなくしては評価の信頼性はえられない。自治体の行政評価は、これまでのところほとんどが内部評価である。しかも多くの事務事業評価は、行政自らが事務事業の目標値と達成年度を決めて公表している。これでは評価の信頼性も行政に目的達成のインセンティブも生じない。しかし外部評価は現実的には難しい。市町村の監査制度も多くは内部監査であり、専門の会計士も少なく実効性は乏しいのが現状である。

　こうした現状では、NPMの改革は進まない。行政自らが改革を進めるインセンティブはないからである。民間経営と公共経営の決定的な違いは、利潤の追求の有無である。民間では死活問題である利益は、公共には存在しない。そこでNPMは疑似的に公共に市場をつくり、行政サービスのコストを企業会計方式で評価して求めて、行政のコスト意識を高めた。しかし内部評価ではコスト意識は高まらなかった。

　公共のコスト意識を高めて効率化を図るなら、やはり第三者の評価が欠かせない。民間企業でも外部監査は義務付けられている。そこでかつて、自治体の「格付け」が行われていたので紹介する。すでに陳腐化しているかもしれないが、外部による「格付け」は、住民の目もあり行政は意識せざるをえない。ここで紹介する「格付け」は、かつて自治体が地方債を発行して問題となった際に、民間の格付会社日本格付投資情報センター（R&I）によって「地方債格付」が行われた。公募地方債を発行している28団体について、格付けを発表して論議を呼んだ（『地方債格付け』日本格付投資情報センター、1999年）。アメリカでは、民間・公的部門を問わず、起債に当って格付けは極めて重要な役割を果たしている。わが国でも民間企業の起債に際しては、流通市場での売買を前提とした債券の格付けは不可欠であるが、地方債の格付けは、それまで行われたことがなかった。しかし地方財政が年々悪化する状況下で自治体でも財務上の安全性が危うくなったことで実施された。ここでは自治体は国から支援されているため格付けの差はほとんどなかった。しかしコロナ感染症対策で財政状況は悪化している。こうした状況だからこそ、財政面から自治体の健全性のランクを示す「格付け」を再び開発する時期がきているように思われる。

3 新公共ガバナンス（NPG）の展開

　NPMの公共経営論は、小泉行革からアベノミクスまで新保守主義的
行革として支持され、多くの行革が実施されてきた。しかしその一方で、
格差拡大や貧困問題など多くの課題も残された。公共の市場化改革は、
「政府とは何か」という問題も提起された。

　NPMが支持される中で、"ニュー・パブリック・ガバナンス（NPG）"
という用語が1990年代末頃から登場し始めた。ガバナンスはもとはコー
ポレート・ガバナンスとして企業統治として使われていたが、公共部門
に1990年代後半頃より国際機関ではグッド・ガバナンス、あるいは広
く社会のソーシャル・ガバナンスなどとして使われてきた。それぞれの
展開においてニュアンスは異なるものの、ガバメントの独占的、専制的
な統治形態からより民主的で合議的、包括的な統治形態を志向する意味
合いがガバナンスに含まれている。

　NPGの概念については、始めはNPMに対する批判として論じられて
いたが、理論的背景としてイギリスの行政学者P.オズボーンは、社会政
治的ガバナンス、公共政策のガバナンス、行政のガバナンス、契約のガ
バナンス、ネットワーク・ガバナンスに分けて説明している（Osbone,
S. *The New Public Governance*, 2010）。NPGとNPMの概念を比
べるとわかりやすい。図表Ⅵ-1は、アメリカの行政学者デンハート等
（Denhardt and Denhardt 2000）がまとめたものであるが、NPGの
特徴としては、政府の役割は舵取り役より奉仕者（server、利害調整役）
となり、公共の概念は個人の利益から社会の利益へと変わってくる。ま
た政府の説明責任の対象は、顧客の市民から顧客ではない市民となる。

　以上のように、NPGは主たる理論としてマネジメント論から民主主
義論のデモクラシーの文脈で論じられるようになった。この背景には、
行き過ぎた新自由主義に対する批判から反市場主義的な政策が各国で展
開されてきたこともあるが、公共部門の軸足があまりにも市場主義に偏
り、効率基準が公共の民主性を排除してしまっているという現実があっ
た。公共サービスも民間と同様に、個別の経済合理性に配慮すべきとい
うことはいまや当然の要求であるが、同時に、社会的公共性という価値
観に基づいた判断基準も効率性とともに常に配慮すべきである。そうで

なければ、公共サービスの役割は喪失してしまう恐れがある。

図表Ⅵ-1　新公共経営と新公共ガバナンスの概念

	新公共経営 New Public Management 1980年代〜	新公共ガバナンス New Public Governance 1990年代後半〜
主 た る 理 論	経済理論	民主主義論
公 益 の 概 念	個人の利益の総計	社会の利益
政府の説明責任の対象	顧客とみなされる市民・住民	市民
政 府 の 役 割	舵取り手（市場で媒介者として行動）	奉仕者（市民やNPO等との交渉や利害調整）
政 策 目 的 の 達 成 メ カ ニ ズ ム	民間やNPO等による新たな執行プログラム	政府や政府，NPO，民間等の合意形成
行 政 の 裁 量	事業目的に応じて広範囲	広範であるが制約があり責任が求められる
前提とする行政機構	政府機関の主導による分権的な機構	内外の指導者による協調的構造

出所：Denhardt and Denhardt, *New Public Service,*（2007）を参考に作成。

▶ 2 地方制度の再編・市町村合併の取組み ◀

1 明治と昭和の大合併

　わが国の基礎自治体は、1887（明治20）年頃は7万1千ほどもあったが、1889（明治22）年の市制町村制施行を前に約半年の間に5分の1近くまで急ぎ統合され、減少した。その後、中規模の合併策が2回、小規模のものが第二次世界大戦中に1回実施され、終戦直後には市町村は10,520ほどまで減少した。

　戦後は、新憲法と地方自治法の下、教育制度改革による義務教育、自治体警察の運営など、多くの行政事務が国から地方自治体に任されることとなり、1953年に市町村合併促進法が制定されて、昭和の市町村合併が実施され、1956年には4,668まで減少した。この時は、中学校を運営するに適応する規模とされる人口8千人を目途に合併が進められて

いる。当時、人口500人以下の自治体も20ほどあったが、やがて市町村の平均人口は３万人ほどとなっていく。その結果、1954年には、実質収支の赤字団体が、2,247市町村を占めるに至っていたが、その後、大きく減少していくことになる。

　また、高度成長に寄与するため、新市町村建設促進法、市の合併の特例に関する法律、新産業都市建設促進法と工業整備特別地域整備促進法においても合併促進策がとられた。1965年には、様々な合併特例規定を整理し、全国的な合併促進のため、市町村合併特例法が成立した。1970年には、２年間に限り、人口３万人で市となる特例を設けた。1975年には市町村数は3,257となった。

　1965年の市町村合併促進法は、10年間の時限法であったが、その後、1975年、1985年、1995年に更新、改正され、2005年まで延長されてきたものである。

　また、1965年には、地方制度調査会が府県合併を答申し、その後、府県合併特例法案が出されている。憲法95条による住民投票手続きの

図表Ⅵ-2　市町村数の変遷

年月	市	町	村	計
1888年	—	71,314		71,314
1889年	39	15,820		15,859
1922年	91	1,242	10,982	12,315
1945年10月	205	1,797	8,518	10,520
1953年10月	286	1,966	7,616	9,868
1956年４月	495	1,870	2,303	4,668
1961年６月	556	1,935	981	3,472
1975年４月	643	1,974	640	3,257
1985年４月	651	2,001	601	3,253
1995年４月	663	1,994	577	3,234
1999年４月	671	1,990	568	3,229
2005年４月	739	1,317	339	2,395
2006年３月	777	846	198	1,821
2014年４月	790	745	183	1,718

出所：総務省資料より作成。

簡略化を図ったものであったが、こちらの方は大きなうねりとはならず、道州制論などはあったものの、その後の合併論の中心は市町村となっていく。

2 市町村合併特例法の1999年改正

　1995年、合併特例法が改正されたあたりでは、合併への機運はそれほど大きいものとは思われなかった。しかし、地方分権推進委員会の審議が進み、機関委任事務制度廃止が現実味を帯びてくると、1997年に、市町村合併と地方行革を目指した地方行政体制検討グループが発足。第2次勧告（1997年）で分権の大要が明らかとなり、分権的税財源確保の道筋がつけられた。

　さらに、第25次地方制度調査会の答申（1998年）を受け、行政体制論、いわゆる分権の受け皿論が大きくなり、積極的市町村合併の必要性が指摘されてくる中、地方分権推進計画でも、市町村合併のための行財政措置が盛り込まれてきた。

　1999年、地方分権一括法とともに改正された市町村合併特例法は、以前のものに比べ、合併促進についてのスタンスが格段に積極的なものとなっている。1999年8月には、自治事務次官は、各都道府県知事宛てに「市町村の合併の推進についての指針」を提示し、都道府県に、合併の検討の際の参考や目安となるパターン等、合併推進要綱の策定と市町村合併に向けた積極的支援をするよう訴えている。

　こうした積極性は、これまでみられた財政措置を一層充実させていることでもみてとれる。主なものは、以下のとおりである。
①合併に向けた地方交付税の額の算定の特例、合併前の交付税額を保証するいわゆる「合併算定替」期間を5年から10年としたこと。
②合併しても過疎債を継続適用する特例措置。
③合併準備補助金と合併市町村補助金の設定。
④合併特例債の創設。
⑤従来の合併補正を再構成し、行政の一本化に関わる経費、行政サービス水準の調整等の臨時的経費について、普通交付税の包括的財政措置を講ずる。投資的経費については、合併特例債を適用。

　こうした財政上の優遇措置が設けられたこともあり、平成の合併は大きく進むことになった。国は合併により市町村数を概ね1千を目標とした。この数は、人口規模で行政コストが効率的となることから決められた。結果的には、目標には届かなかったが、市町村数は1,718となった。とくに村が合併により大きく消滅し、栃木県や静岡県、石川県など13県は村が消えた。

3 合併へのあめとむち

　合併へ向けた具体的方策として合併特例債があげられる。市町村建設計画に基づいて行う一定の事業に要する経費や、合併後の市町村が行う地域振興のための基金積み立てに要する経費について、地方財政法第5条に適合しないものでも、合併年度及びこれに続く10年、地方債を財源とすることができるというものである。

　地方財政法第5条は、「地方公共団体の歳出は、地方債以外の財源をもって、その財源としなければならない」とした上で、地方公営企業の財源、出資金・貸付金の財源、地方債借換えのための財源、災害復旧事業費等の財源、公共施設・公用施設の建設事業費及び土地購入費をいわゆる適債事業として、地方債発行を行ってもよい経費、財源を規定している。

　これに対し、特別法による地方債には、これまで、辺地対策事業債、過疎対策事業債、地域総合整備事業債などがあり、特例地方債といわれている。1975年度以降の地方財政対策の中では、地方税臨時減収補てん債や財政対策債などがある。これらの多くは、元利償還財源の一部が地方交付税の基準財政需要額に算入され、借金というより交付金的性格をもってきたところである。

　新設の合併特例債は、通常の地方債より、充当率が高く95％、元利償還金の7割が普通交付税で措置されるものとなっている。適用事業は、次のようなものとされている。

　第一に、合併市町村の一体性の速やかな確立を図るため又は均衡ある発展に資するために行う公共的施設の整備事業である。これは、合併市町村間の連絡道路やトンネル、公園、介護施設などである。

第二に、合併市町村の建設を総合的かつ効果的に推進するために行う公共的施設の統合整備事業である。類似の公共施設を統合し、職員配置を効率化する場合などがあてはまる。

第三に、合併市町村における地域住民の連帯の強化又は合併関係市町村の区域であった区域における地域振興等のために地方自治法241条の規定により設けられる基金の積立てである。これは、地域振興のためのイベントなどソフト事業のための基金積立てである。

特例地方債は、これまで、過疎地を含めた多くの自治体で、基盤整備財源として地域の活性化に寄与してきた。合併特例債も、合併に向け、ハード、ソフト両面での一定の期待は果たされることとなった。ただ、合併推進の財政支援にみられる、地方債の元利償還金の交付税措置などが自治体のモラル・ハザードをもたらし、一時的には、国、地方を通じた財政再建に水を差したことも否定できない。

合併算定替は、合併前の市町村ごとに算定した普通交付税の総額を特例的に10年間保障し、11年目から15年目まで段階的に減らし、16年目に一本算定として大きくなった団体としての交付税となった。4,000人以下自治体への段階補正の見直し・削減も合併を促した。段階補正は、小さい自治体であることで規模の経済性に伴う財政負担増があることに、交付税の割増をするもので、これを減らそうという試みである。

これにより、吸収される側の町村は、過疎対策事業債、10年間の交付税額が維持され、同時に段階補正縮減の不安もあって、合併が後押しされることとなった。一方、吸収する側の大きな団体は合併特例債が発行できたのである。

▶ 3 エビデンスに基づく行革（EBPM）の取組み ◀

■ EBPMとは

近年、国や地方自治体では「合理的な根拠（エビデンス）に基づく政策立案」（Evidence Based Policy Making：以下、EBPMという）の取組みが進められている。

　EBPMという用語がわが国の政府文書に登場するのは2016年頃からである。経済・財政一体改革推進委員会第4回評価・分析WG配付資料によると、EBPMとは「統計や業務データを活用した、客観的な証拠に基づく政策立案」とされており、2017年6月に閣議決定された「経済財政運営と改革の基本方針2017」（骨太方針2017）では、2018年度予算編成の在り方として「経済財政諮問会議において、改革の進捗管理、点検、評価を強化し、証拠に基づく政策立案（EBPM）の視点も踏まえ、エビデンスの充実をより一層進め、それに基づく議論と検討を予算編成に反映させる」と明記された。

　こうした文書の記述を踏まえて、EBPMを「政策形成に統計や業務データを活用すること」といった内容で説明されることも多い。このため、容易に想像できる疑問としては、従来から実施されている政策評価（政策の効果等に関し測定または分析し、一定の尺度に照らして客観的な判断を行うことにより、政策の企画立案やそれに基づく実施を的確に行うことに資する情報を提供する）と何が異なるのか、という点である。

　そこで、参考とされる諸外国のEBPMの内容からEBPMと政策評価との違いを探ってみよう。

　イギリスでは1990年代末から労働党及び保守党政権下での政策方針（イギリスでの表記はEvidence Based Policy：EBPとされることが多い）、アメリカではオバマ政権の予算編成方針でEBPMの用語が使われている。イギリスやアメリカのEBPMに共通する考え方は、政策立案の根拠としてランダム化比較試験（Randomized Controlled Trial：以下、RCTという）等の因果分析の結果が用いられることである。

　RCTとは、医療分野で利用されている臨床研究方法の1つである。たとえば新薬の効果を測定する場合、新薬を投与するグループと効果のない偽薬（プラシーボ）を投与するグループをランダムに分け、両グループの結果を比較することで、新薬の効果を測定する比較実験（疑似実験）である。

　これを政策形成に応用する場合には、ある政策の対象となるグループ（介入グループ）と対象とならないグループ（比較グループ）をランダムに分けて、その結果を比較し、政策の効果を検証することになる。イ

ギリスやアメリカでは教育政策分野や産業政策分野での応用が促進されている（2019年にノーベル経済学賞を受賞したマサチューセッツ工科大学のアビジット・バナジー教授とエステール・デュフロ教授、ハーバード大学のマイケル・クレマー教授の研究は、RCTを使って途上国での貧困解消に向けた効果的な政策を検証したものである）。

　すなわち、EBPMと従前の政策評価等との最も明確な違いは、政策立案の理由付けに、RCT等の因果分析の結果を客観的な証拠（エビデンス）として利用するか否かにある。

　しかしながら、日本のEBPMは、政府文書の説明に表されているように、政策形成に関わる全ての統計、業務データを客観的な証拠（エビデンス）として捉えることができるため、政策評価との違いが曖昧にならざるをえない。

　日本のEBPM推進のきっかけは2015年10月16日に開催された経済財政諮問会議での財務大臣の発言とされる。当時財務大臣だった麻生太郎氏は、GDPの基礎データに使用される家計調査の数値が、経済産業省の商業動態統計と異なる動きをしている点を指摘した。これを受けて、政権内でも統計改革の必要性に関する声が大きくなる中、2017年2月に内閣官房長官を議長として統計改革推進会議が開催された。2017年5月に決定された「統計改革推進会議最終取りまとめ」には「EBPMを推進するためには、その証拠となる統計等の整備・改善が重要」とされており、骨太方針2017でのEBPMに関する言及は、この取りまとめを反映している。

　このような経緯からもわかる通り、日本のEBPMは統計改革とセットで進められており、これらが同一の文脈で用いられる場合には、客観的な証拠（エビデンス）は、より広い意味（統計、業務データの他、RCT等の因果分析結果も含む）で解釈する方が適当ということになる。

2 日本におけるEBPM推進の現状

　それでは、日本のEBPMとは具体的にどのようなものなのか、これまでの政策形成と何が異なるのか、日本（特に中央政府）のEBPMについて、政府会議での議論や既に実施されている事例を通して、その概要を

みてみよう。

　EBPMの取組みは、骨太方針2017を受けて創設されたEBPM推進委員会が中心となって展開されてきた。

　2017年8月に開催された第1回EBPM推進委員会において、当時内閣府の大臣補佐官であった三輪芳朗氏は「『EBPMとは』という定義は示していない。日本の現状に照らして、それが適切だと判断した。エピソード・ベースト・ポリシー・メイキングという色彩が濃厚な現状から、エビデンス・ベースト・ポリシー・メイキングへ全ての政策を移行させようということである。明確なロジックモデルとそれを支えるきちんとした証拠に基づいて政策の内容を決定するようにしようというものである」と発言しており、日本のEBPMの方向性は、この発言で示されたといわれる。というのも三輪氏は、内閣官房に設置された「EBPMのニーズに対応する経済統計の諸課題に関する研究会」の座長を務めており、その後のEBPM議論への関わり方をみても日本のEBPM推進の中心人物であったことがうかがえる。

　つまり、三輪氏の発言に沿えば、日本のEBPMの取組みは、エピソード・ベースからエビデンス・ベースへの転換を主眼としている。平たく言えば、政策形成において「理念」や「経験」ではなく、「論理（ロジック）」を踏まえ「客観的な証拠（エビデンス）」を重要視する試みを行うことが目的化されており、必ずしもRCT等の因果分析結果を要請するものとはなっていない。

　2021年6月に決定された「EBPM推進委員会EBPM課題検討ワーキンググループ取りまとめ」によると、国におけるEBPMの2019年度の実践としては、予算検討・要求プロセスにおいて、作成したロジックモデルを財務省主計局への説明資料の一部として活用したのが9府省77件、行政事業レビューにおいてロジックモデルを活用したEBPMを実践したのが7府省30件、「秋のレビュー」において一部事業についてロジックモデルを活用したEBPMの観点からの議論を実践したのが2府省3件であった（なお、2021年度の行政事業レビューからは、新規予算要求事業（10億円以上）及び公開プロセス対象事業の全てについて、原則、ロジックモデルを作成・公表する方針が示されている）。

　ロジックモデルとは、事業段階における予算投入（インプット）から、事業内容（アクティビティ）、活動実績（アウトプット）、成果目標（アウトカム）及び政策・政策段階の成果目標（インパクト）に至る因果関係を図解するものであり、政策効果の発現メカニズムを構造化・視覚化することを目的として構築される。イギリスやアメリカにおいて、ロジックモデルは因果分析の下準備としての位置づけであり、分析の目的や枠組み、重要ポイントを明確にする上での有用な手段として説明されている。

　このように現在、国ではエビデンス・ベースへの転換への初期段階として、ロジックモデルを作成することがEBPMの取組みの主な内容となっている。一方、地方自治体においては、総務省「地方公共団体の行政改革の取組」（2020年3月27日公表）をみると、EBPMの取組みとして統計データの収集と利活用を進めている自治体が多い。また、大学等の研究機関と共同で政策効果の分析を行うことをEBPMとして位置づけている自治体もあり、必ずしもEBPMの取組みをロジックモデルの作成からスタートさせているわけではないことがわかる。

　EBPMないしは客観的な証拠（エビデンス）の定義が明確に示されていない日本において、国と地方自治体、さらには自治体間でEBPMが意味するところに違いが生じるのは、致し方のないことである。また、エビデンス・ベースへの転換という目的だけが大きく掲げられている（政策立案の要件としてRCT等の因果分析結果の利用を明示していない）ために、国と地方自治体、さらには自治体間で取組み内容に大きな違いが生じている、というのが現状であろう。

　政策形成をエピソード・ベースからエビデンス・ベースに転換することに異論を唱える者が少ないことから、今後も国や地方自治体でEBPMの取組みが増加することが予測される。ただし、政策評価や行政評価の導入が進む過程で、国や自治体職員の業務負担が増し、「評価疲れ」が指摘されたことを忘れてはならない。内閣官房行政改革推進本部事務局が行った各府省の事業等担当者へのアンケート結果では、ロジックモデルの課内・省内での活用結果について「全く役立たなかった」あるいは「あまり役立たなかった」とされた回答が新規事業では全体（n＝144）

の約41％、継続事業では全体（n＝148）の37％を占めている。

　日本のEBPMを推進させるためには、現場の徒労感や疲弊感を軽減させる施策（外部の専門機関の設立や利用など）をあわせて行うことも必要であろう。

３ 地方自治体のEBPMの取組み

　最後にEBPMの自治体での取組み事例を紹介しよう。

①広島県の取組み

　前述したように、EBPMの取組みとして統計データの収集や収集されたデータの利活用を検討する自治体が多い中、広島県では、政策過程（PDCAサイクル）にEBPMを組み込む試みが行われている。

　広島県総務局経営企画チーム「広島県におけるエビデンスに基づく行政運営を志向する取組」によると、広島県の政策体系は、「ひろしま未来チャレンジビジョン」の４つの政策分野に紐づく施策領域（目指す姿）の中に、「取組の方向」を設定し、「取組の方向」を具現化す事業群を「ワーク」として整理している。広島県におけるPDCAサイクルは、この「ワーク」を単位とする「施策マネジメント」として実施されているものであり、政策マネジメント（PDCAサイクル）のAction（施策の再構築）過程において、EBPMを関連させようとしている。具体的には、Action過程を５つのプロセス（①目的の設定、②現状の分析、③問題の構造化、④解決策のロジック（仮説）の構築、⑤実行計画の策定）に分け、特に③〜⑤のプロセスにおいてEBPMの考え方を用いる試みがなされている。③では問題の原因となっている課題相互の因果構造を考察、④では合理性、妥当性、実証性の観点からロジックモデルを構築、⑤では厳密に実証されたエビデンスが存在しない場合に、RCT等の因果分析結果（行政で内製可能なレベルでの実証分析結果）を用いてエビデンスを作成することを制度化することによって、EBPMを取り入れた政策過程の仕組みの構築を目指している。

　こうした仕組みは、イギリスやアメリカで実践されているEBPMに近いものであり、広島県の政策過程として定着すれば、日本における

EBPMのモデルケースとして位置づけられよう。

　なお、広島県では、包括外部監査においてもEBPMの考え方を踏まえた検討がなされており、「令和2年度包括外部監査結果報告書」では、監査対象事業（働き方改革に関連する事業）のうち、複数の事業で「EBPMの実践である」という監査意見が表明されている。

②神奈川県葉山町の取組み

　葉山町では、ごみ分別促進施策にRCTによる因果分析結果が活用されている。エビデンス・ベースによる政策立案に至ったきっかけは、2014年に可燃ごみは個別収集とし、資源ごみは町内475ヵ所に設置した「資源ステーション」で一括収集することによって、ごみの分別を図ったことであった。これによって、可燃ごみは減少し、資源収集量が増加する一方で、分別ルール違反・ポイ捨て等の放置ごみが増加し、景観の悪化や近所トラブルといった新たな問題が生じることとなった。町役場担当者、住民、議員の間で議論されたものの、有効な解決策を見出せない状況が続いていた。そこで、データによる分析と効果検証に基づく解決策の策定が志向された。2015年9月に町内会・自治会との協働プロジェクトを立ち上げ、以下の4つのプロセスによる効果的な対策の検討が行われた。

　Step1．資源ステーションのモニタリング調査による現状把握
　Step2．住民参加のワークショップによる効果的対策の検討
　Step3．選定された対策について、RCT手法を用いた因果分析
　Step4．ワークショップによる情報共有と対策の検討（選択）

　葉山町で実施されたRCTでは、全ステーションの3割にあたる160ヵ所を、介入グループ1（チラシ配布）54ヵ所、介入グループ2（看板設置）53ヵ所、比較グループ（対策なし）53ヵ所に分けて、取組みの効果が把握された。比較の結果、チラシ配布と看板設置の両方に効果がみられたが、効果の持続性という観点からは、看板設置が有効であることが明らかとなった。この検証を受けて、2017年度、全ステーションへの看板設置が予算措置されることとなった。

　RCTについては、実施コストの問題点（相当な期間をかけて取組み

の影響を計測しなければならず、対象者への説明も含めて適切なプロセスの確保が必要）が指摘されている。葉山町では、この問題を住民との協働という方法によって解消できており、このことは他の自治体においても参考とすべきところであろう。

Ⅶ
地方自治体の財政分析

▶ 1 財政分析の目的 ◀

　地方自治体は、健全な運営に努めなければならないことが地方財政法第2条に規定されている。ここで求められている健全な運営とは、明確な規定はないが、一般的には、財政構造が弾力的であること、収支均衡が確保されていること、自主性が確保されていること、などが要請されているものと考えられている。具体的には、予算の執行結果としてまとめられる決算について、これらのことを検証して、財政運営の状況を明らかにすることであり、これが財政分析の目的でもある。

　したがって財政分析は義務付けられた手続きではないが、財政の運営状況を常時把握し確認しておくことは、持続的で安定的な行政サービスの提供が責務である自治体にとっては重要なことであることは言うまでもない。また計画的な行政事務執行のためにも、他の計画と一体的に財政計画の策定が求められている。

▶ 2 地方自治体の決算 ◀

1 地方自治体の決算手続き

　自治体の決算とは、歳入歳出予算に計上された1会計年度の執行実績を集計表としてまとめることであり、このことを決算の調製という。決算の手続きは、会計年度終了日3月31日の翌日4月1日から始められるが、5月31日までの2ヶ月間は出納整理期間として定められているため（国は4月30日まで）、出納整理期間が終了した翌日の6月1から決算手続きが開始されることになる。2ヶ月間の出納整理期間が設けら

れているのは、会計上の手続きからこの期間に前年度に起因する取引が
実際に生じているため収支の実質的な年度帰属を行うために設けられて
いるもので、官庁会計（単式簿記・現金主義）の現金主義会計の欠点を
補う意味もある。決算の調製は、6月1日から3ヶ月以内（8月31日迄）
に決算書類をまとめて首長に提出することが決められている。

② 地方自治体の会計区分と決算書類

　決算で作成される決算書類は、一般会計と特別会計それぞれの予算に
対する「歳入歳出決算書」、付属書類である「決算事項別明細書」、「実
質収支に関する調書」、「財産に関する調書」である。自治体の首長は、
これらの決算書類に主要な施策の成果を説明する書類を添えて、監査委
員に提出して審査を受ける。監査委員の審査に付した決算書類は、「監
査委員意見書」とともに議会に提出し、議会で認定を受けて決算が終了
する（議会で認定が否決されても首長の責任は問われない）。なお、特
別会計のうち地方公営企業法の財務の適用があるものは、企業会計に準
じた決算が行われるため、貸借対象表や損益計算書等の財務諸表が決算
書として作成される。

　自治体に義務付けられている決算書は、上記のほかにもう1つある。
総務省が自治体に地方財政状況調査として作成依頼（地方自治法第252
条の17の5、第1項および第2項）してまとめられる決算統計である。
決算統計は、自治体に依頼された地方財政状況調査表（市町村分は94
ページ）をもとに国がまとめて、地方財政白書の統計等に利用されてい
る。また決算統計は自治体ごとに「決算統計」（通称「決算カード」）と
「財政状況資料集」にまとめられ、自治体の財政分析等に用いられている。

　なお決算統計では、会計区分は普通会計と公営事業会計に分けられて
いる。条例による会計区分は一般会計と特別会計であるが、特別会計に
ついては、事業を行う場合には設置が義務付けられている水道事業や下
水道事業、国民健康保険事業などのほかに条例で任意に設置できるため、
自治体の会計区分では地方財政全体で統一した集計がとれない。そこで
公営企業会計と収益事業会計に該当する特別会計を公営事業会計として
まとめ、それ以外の特別会計を一般会計と合わせて普通会計として統計

図表Ⅶ-1　地方自治体の会計区分と決算書類

各自治体の条例による会計区分と決算書類		事業内容		決算統計上の会計区分と提出すべき決算書類	
決算書類	会計区分			会計区分	決算書類
歳入歳出決算書、歳入歳出決算事項明細書、実質収支に関する調書、財産に関する調書	一般会計	一般行政事務		普通会計	地方財政状況調査表、決算状況
	特別会計	設置義務なし	公営事業以外で条例で設置した事業：市街地再開発事業、用地取得事業、母子福祉事業など		
決算報告書、貸借対照表、損益計算書、剰余金計算書又は欠損金計算書等（企業会計方式による決算）		設置義務あり	地方公営企業法適用事業：水道、工業用水道、軌道、自動車運送、鉄道、電気、ガス、病院	公営事業会計	決算報告書、貸借対照表、損益計算書、剰余金計算書又は欠損金計算書等（企業会計方式による決算）
歳入歳出決算書、証書類等			・老人保健医療事業 ・国民健康保険事業 ・介護保険事業 ・交通災害共済事業 ・農業共済事業 ・収益事業：競馬、競輪、宝くじなど		地方財政状況調査表、決算状況

　上の会計区分を設け、普通会計について決算統計として作成する（図表Ⅶ-1参照）。

　自治体で作成される決算書はもう１つあり、全部で３つである。図表Ⅶ-2は、３つの決算書の流れを示してある。自治体は予算執行のまとめとして、①条例による予算決算を調製する。決算書は議会の認定を受けて市民に公表される。この決算をもとに、②決算統計がまとめられる。決算統計は国に提出され、統計等に利用される。さらに法的な作成義務はないが全自治体で作成されている、③財務書類の決算書がある。財務書類は、企業会計（複式簿記・発生主義）で決算されるため資産・負債のストック情報と減価償却費などの発生コスト情報が計上され、事業評価に不可欠の決算情報がえられ、予算マネジメントでも活用されるのである。

図表Ⅶ-2　地方自治体の３つの決算書の流れ

①条例による予算決算

> 一般会計予算
> 特別会計予算

執行

> ・一般会計・特別会計歳入歳
> 出決算書、決算事項明細書、
> 実質収支に関する調書、財
> 産に関する調書
> ・公営企業法適用:決算報告
> 書、貸借対照表等

②地方自治法による調査依頼
決算統計調査及び公共施設状況調査

> 地方財政状況調査表
> 　（決算カード）

③任意の財務書類

> ・貸借対照表
> ・行政コスト計算書
> ・純資産変動計算書
> ・資金収支計算書
> 　付属明細書

固定資産台帳　→
複式記帳

〔財政分析〕

▶ 3　地方自治体の財政分析・決算統計の分析 ◀

1 決算統計「決算カード」の入手

　決算統計の集計表である「決算状況」（以下では「決算カード」）は2001度決算から総務省のホームページに全自治体について掲載されている（総務省HP→政策→地方行財政→地方財政の分析→地方財政状況調査関係資料→決算カード）。また2010年度決算からは、「決算カード」の内容をより詳しく類似団体との比較分析や財務書類を利用した「財政状況資料集」が公表され、財政分析の資料として提供されている。財政分析は「決算カード」ないし「財政状況資料集」をもとに行う。

解説：地方財政の制度と議論

図表Ⅶ-3 「決算カード」（2019年度大阪市）

令 和 元 年 度 決 算 状 況	人口	平成27年国調	2,691,185 人		区 分	住民基本台帳人口	うち日本人
		平成22年国調	2,665,314 人		令 2. 1. 1	2,730,420 人	2,584,563 人
		増減率	1.0 %		平 31. 1. 1	2,714,484 人	2,577,017 人
	面積		225.30 km²		増 減 率	0.6 %	0.3 %
	人口密度		11,945 人				

歳 入 の 状 況 （単位：千円・%）

区 分	決 算 額	構成比	経常一般財源等	構成比
地 方 税	776,114,081	44.0	716,331,131	81.9
地 方 譲 与 税	5,916,716	0.3	5,916,716	0.7
利 子 割 交 付 金	557,069		557,069	0.1
配 当 割 交 付 金	2,578,214	0.1	2,578,214	0.3
株式等譲渡所得割交付金	1,492,092	0.1	1,492,092	0.2
分 離 課 税 所 得 割 交 付 金	474,351	0.0	474,351	0.1
地 方 消 費 税 交 付 金	56,371,568	3.2	56,371,568	6.4
ゴ ル フ 場 利 用 税 交 付 金				
特 別 地 方 消 費 税 交 付 金				
自 動 車 取 得 税 交 付 金	1,754,279	0.1	1,754,279	0.2
軽 油 引 取 税 交 付 金	11,756,519	0.7	11,756,519	1.3
自動車税環境性能割交付金	657,728		657,728	0.1
地 方 特 例 交 付 金	6,000,419	0.3	6,000,419	0.7
内 自動車税減収補塡特例交付金	2,811,948	0.2	2,811,948	0.3
訳 軽自動車税減収補塡特例交付金	295,626	0.0	295,626	0.0
子ども・子育て支援臨時交付金	15,623	0.0	15,623	0.0
	2,877,222	0.2	2,877,222	0.3
地 方 交 付 税	44,514,032	2.5	43,529,175	5.0
内 普 通 交 付 税	43,529,175	2.5	43,529,175	5.0
訳 特 別 交 付 税	984,831	0.1		
震災復興特別交付税	26	0.0		
（ 一 般 財 源 計 ）	908,187,068	51.5	847,419,261	96.9
交 通 安 全 対 策 特 別 交 付 金	741,485	0.0	741,485	0.1
分 担 金 ・ 負 担 金	6,362,144	0.4		
使 用 料	61,498,768	3.5	12,076,180	1.4
手 数 料	8,302,215	0.5		
国 庫 支 出 金	421,184,874	23.9		
国 有 提 供 交 付 金				
（ 特 別 区 財 調 交 付 金 ）				
都 道 府 県 支 出 金	78,612,169	4.5		
財 産 収 入	30,428,739	1.7	13,669,092	1.6
寄 附 金	855,636	0.0		
繰 入 金	7,814,435	0.4		
繰 越 金	2,566,448	0.1		
諸 収 入	137,395,231	7.8	441,043	0.1
地 方 債	100,265,273	5.7		
うち減収補塡債（特例分）				
うち臨時財政対策債	52,753,773	3.0		
歳 入 合 計	1,764,214,485	100.0	874,347,061	100.0

市町村税の状況

区 分	収 入 済 額
普 通 税	687,936,683
法 定 普 通 税	687,936,683
市 町 村 民 税	361,946,346
内 個 人 均 等 割	4,490,859
所 得 割	207,510,827
法 人 均 等 割	19,364,580
訳 法 人 税 割	130,580,080
固 定 資 産 税	295,394,892
うち純固定資産税	295,133,480
軽 自 動 車 税	1,854,723
市 町 村 た ば こ 税	28,740,722
鉱 産 税	
特 別 土 地 保 有 税	
法 定 外 普 通 税	
目 的 税	88,177,398
法 定 目 的 税	88,177,398
内 入 湯 税	264,508
事 業 所 税	28,129,940
都 市 計 画 税	59,782,950
訳 水 利 地 益 税 等	
法 定 外 目 的 税	
旧 法 に よ る 税	
合 計	776,114,081

性 質 別 歳 出 の 状 況 （単位：千円・%）

区 分	決 算 額	構成比	充当一般財源等	経常経費充当一般財源等	経常収支比率
人 件 費	304,481,331	17.3	257,170,279	256,891,791	27.7
う ち 職 員 給	222,496,474		187,931,255		
扶 助 費	572,052,046	32.6	171,746,007	171,745,955	18.5
公 債 費	225,144,490	12.8	192,038,177	192,002,785	20.7
内 元利償還金 元金	203,652,721	11.6	170,581,287	170,545,895	18.4
訳 一時借入金利子	21,491,172	1.2	21,456,293	21,456,293	2.3
	597	0.0	597	597	0.0
（ 義 務 的 経 費 計 ）	1,101,683,867	62.7	620,954,463	620,640,531	66.9
物 件 費	118,395,653	6.7	76,500,691	73,927,806	8.0
維 持 補 修 費	19,739,100	1.1	15,079,284	15,068,921	1.6
補 助 費 等	119,575,092	6.8	99,600,523	74,408,845	8.0
うち一部事務組合負担金	7,274,250	0.4	2,029,301	2,008,781	0.2
繰 出 金	150,531,242	8.6	125,879,482	81,451,185	8.8
積 立 金	3,067,929	0.2	437,880		
投資・出資金・貸付金	86,490,307	4.9	2,071,778		
前 年 度 繰 上 充 用 金					
投 資 的 経 費	157,306,014	9.0	68,717,789		
う ち 人 件 費	2,808,390	0.2	2,724,632		
内 普 通 建 設 事 業 費	156,343,461	8.9	68,711,943		
う ち 補 助	87,510,448	5.0	25,432,503		
訳 う ち 単 独	65,289,022	3.7	42,860,449		
災 害 復 旧 事 業 費	962,553	0.1	5,846		
失 業 対 策 事 業 費					
歳 出 合 計	1,756,789,204	100.0	1,009,241,890		

経常経費充当一般財源等計 865,497,288 千円
経 常 収 支 比 率 93.4 %（ 99.0 %）
（減収補塡債（特例分）及び臨時財政対策債除く）
歳 入 一 般 財 源 等 1,016,667,171 千円

目 的 別

区 分
議 会 費
総 務 費
民 生 費
衛 生 費
労 働 費
農 林 水 産 業 費
商 工 費
土 木 費
消 防 費
教 育 費
災 害 復 旧 費
公 債 費
諸 支 出 金
前年度繰上充用金
歳 出 合 計
繰 公 合 計
営 下 水 道
事 宅 地 造 成
業 等 交 通
出 の 他

（注） 1. 普通建設事業費の補助事業費には受託事業費のうちの補助事業費を含み、単独事業費には同級他団体施行事業負担金及び受託事業費のうちの単独事業費を含む。
2. 東京都特別区における基準財政収入額及び基準財政需要額は、特別区財政調整交付金の算出に要した値であり、財政力指数は、前記の基準財政需要額及び基準財政収入額により算出。
3. 産業構造の比率は分母を就業人口総数とし、分類を除いて算出。
4. 人口については、調査対象年度の1月1日現在の住民基本台帳に登載されている人口に基づいている。
5. 面積については、調査対象年度の10月1日現在の市区町村、都道府県、全国の状況をとりまとめた「全国都道府県市区町村別面積調」（国土地理院）による。
6. 個人情報保護の観点から、対象となる職員数が1人又は2人の場合、「給料月額（百円）」及び「一人当たり平均給料月額（百円）」を「アスタリスク（＊）」としている。（その他、数値のない欄については、すべてハイフン（－）としている。）

146

産業構造

区分	平成27年国調	平成22年国調
第1次	1,122	995
	0.1	0.1
第2次	220,980	235,506
	22.7	23.0
第3次	752,032	786,671
	77.2	76.9

（単位：千円・%）

都道府県名	団体名	市町村類型	政令指定都市
27	1004		
大阪府	大阪市	地方交付税種地	1・10

区分	令和元年度（千円）	平成30年度（千円）
歳入総額	1,764,214,485	1,761,138,232
歳出総額	1,756,789,204	1,758,571,784
歳入歳出差引	7,425,281	2,566,448
翌年度に繰越すべき財源	4,753,186	2,136,995
実質収支	2,672,095	429,453
単年度収支	2,242,642	9,641
積立金	1,560,892	4,081,504
繰上償還額	-	-
積立金取崩し額	386,243	6,670,882
実質単年度収支	3,417,291	-2,579,737

構成比	超過課税分	指定団体等の指定状況	
88.6	22,378,429	旧新産	×
88.6	22,378,429	旧工特	×
46.6	22,378,429	低開発	×
0.6		旧産炭	×
26.7		山振	×
2.5		過疎	×
16.8	22,378,429	首都	×
38.1		近畿	×
38.0		中部	×
0.2		財政健全化等	×
3.7		指数表選定	○
		財源超過	×

区分	職員数（人）	給料月額（百円）	一人当たり平均給料月額（百円）
一般職員	20,525	62,067,600	3,024
うち消防職員	3,521	10,291,883	2,923
うち技能労務	4,402	12,422,444	2,822
教育公務員	12,094	40,311,266	3,333
臨時職員	-	-	-
合計	32,619	102,378,866	3,139
ラスパイレス指数			96.7

一部事務組合加入の状況		特別職等	定数	適用開始年月日	一人当たり平均給料（報酬）月額（百円）
議員公務災害	×	市区町村長	1	1.07.01	10,014
非常勤公務災害	×	副市区町村長	3	28.04.01	9,426
退職手当	×	教育長	1	28.04.01	8,163
事務機共同	×	議会議長	1	27.04.30	9,500
税務事務	×	議会副議長	1	27.04.30	8,440
老人福祉	×	議会議員	81	27.04.30	7,740
伝染病	×	その他	○		

屎尿処理	×
ごみ処理	×
火葬場	×
常備消防	×
小学校	×
中学校	×

	0.0
	3.6
	7.7
	-
	-
	-
	11.4
	11.4
	100.0 22,378,429

歳出の状況（単位：千円・%）

決算額（A）	構成比	（A）のうち普通建設事業費	（A）の充当一般財源等
2,242,714	0.1	-	2,235,215
74,442,004	4.2	2,814,075	62,312,988
748,611,444	42.6	9,703,137	312,445,704
101,324,079	5.8	4,987,221	73,312,705
217,193	0.0	-	179,681
103,252	0.0	-	20,593
87,537,475	5.0	215,388	7,392,891
203,781,988	11.6	97,540,377	120,112,499
37,331,172	2.1	2,382,725	35,629,198
267,984,694	15.3	38,700,538	196,450,247
962,563	0.1	-	5,846
225,914,302	12.9	-	192,807,989
6,336,334	0.4	-	6,336,334
1,756,789,204	100.0	156,343,461	1,009,241,890

区分	令和元年度（千円）	平成30年度（千円）
基準財政収入額	590,216,086	582,725,337
基準財政需要額	634,409,429	625,019,815
標準税収入額等	755,556,656	745,486,755
標準財政規模	851,840,443	851,858,003
財政力指数	0.92	0.93
実質収支比率（%）	0.3	0.1
公債費負担比率（%）	18.9	22.1
健全化判断比率 実質赤字比率（%）		
連結実質赤字比率（%）		
実質公債費比率（%）	3.2	4.2
将来負担比率（%）	21.2	46.4
積立金現在高 財政調整基金	161,605,595	160,430,946
減債基金		
特定目的	64,676,718	65,644,700
地方債現在高	1,802,866,543	1,906,253,991
債務負担行為額（支出予定額） 物件等購入	72,654,906	65,629,436
保証・補償	52,774,603	45,774,069
その他	91,536,444	116,107,021
実質的なもの		

会計の状況	実質収支	1,670,830
184,798,646	再差引収支	-5,953,309
25,793,392	加入世帯数（世帯）	418,379
25,622,573	被保険者数（人）	613,024
9,302,863	保険税（料）収入額	87
6,336,334 被保険者1人当たり	国庫支出金	-
34,657,140	保険給付費	318
83,086,344		

		公益事業収入			
		土地開発基金現在高	20,642,806		20,642,806
		積立金	9,496,305		9,335,785

徴収率 現年・計（%）	合計	99.3	98.6	99.4	98.5
	市町村民税	99.0	97.7	99.1	97.6
	純固定資産税	99.6	99.3	99.7	99.3

　図表Ⅶ-3は、2019年度の大阪市の「決算カード」である。書式は全自治体で同じである。決算情報のほか、人口（国勢調査と住基台帳）、面積、産業構造などの情報が記載され概要を把握することができる。財政情報は、歳入・歳出の状況、市町村税の状況、収支の状況、指数等について集計されている。財政分析は単年度でも財政状況が把握できるが、過去５年から10年分くらいあればこれまでの動向が把握でき、より詳細な分析が可能である。

　また「財政状況資料集」（エクセルファイルで16ページ程度）は、設置されている特別会計の収支状況等、財政指標等の類似団体と比較した数値とグラフ、さらに財務書類の作成が整備されて公会計指標分析が追加され、財政指標とストック情報を組み合わせたグラフが記載されて、さらに自治体担当部署等の決算数値に対するコメントも加えられているのでより詳細な財政分析が可能である。

2 「決算カード」の分析

　自治体の財政分析は、一般的には決算統計の数値について経験的な基準なり法令の数値に照らして評価を行うのであるが、歳入歳出項目や財政指標等について予め理解しておくことが必要である。また「財政状況資料集」を利用すると、類似団体との比較検討や施設等の整備状況について比較して評価することができる。

　「決算カード」にまとめられているのは、①収支の状況、②歳入の状況、③市町村税の状況、④性質別歳出の状況、⑤目的別歳出の状況、⑥指数等の状況である。以下でこれらの読み方を解説しよう（図表Ⅶ-3参照）。

①収支の状況

　収支状況の分析では、適切な収支均衡が確保されているか、年度の決算収支はどうであったかなどを調べる。決算収支は、政府の会計制度が現金主義であるので、現金のみの収入・支出である。収入は年度で括ると歳入、支出は歳出となる。また現金収支と実際に収支が帰属する年度が異なる場合もあるので、その分は繰越等の会計処理を行う。以下に収支欄の項目を説明する。

　歳入総額・歳出総額：当該会計年度の４月１日から翌年３月31日までの現金収支と、出納整理期間（翌年度の４月１日から５月31日）で前年度に帰属する現金収支の総額。財政規模を表す場合には歳出総額をみる。

　歳入歳出差引（形式収支）：歳入総額から歳出総額を控除した額である。差引額が黒字であれば、剰余金が発生しているので条例で定めるほかは翌年度に繰越す。また仮に形式収支が赤字となることが明らかな場合には、特例的な措置として次年度の歳入を当該年度に繰入れる「繰上充用」が認められており赤字決算を回避する。

　実質収支：形式収支から「翌年度に繰越すべき財源」を控除した額である。翌年度に繰越すべき財源とは、継続費逓次繰越額、繰越明許費繰越額および事故繰越額であり、これらは当該年度の歳出予算に計上しながら年度内に支出せず翌年度以降の支出とするために繰越経理をする分である。決算統計上は上記のほか事業繰越額と支払繰延額がある。形式収支は現金のみの収支であるため、歳出予算として計上しても実際に支払が行われなければ歳出決算には計上できないためこのような手続きが必要となる。実質収支は純余剰・純赤字を意味し、自治体の実質的な収支状況を表す。

　単年度収支：当年度の実質収支から前年度の実質収支を控除した額である。単年度収支が黒字であるとき、前年度収支も黒字であったときは剰余金の増加であり、前年度収支が赤字であったときは解消したことを意味する。また単年度収支が赤字であるとき、前年度収支が黒字であったときは過去の剰余金を取崩したのであり、前年度収支が赤字であったときは赤字がさらに増加したことを意味する。単年度収支が３年以上にわたって赤字である場合は危機的状況のシグナルである。早急に改善策を講じる必要がある。

　実質単年度収支：「単年度収支＋財政調整基金積立額＋地方債繰上償還額－財政調整基金取崩額」により求めた額である。これは単年度収支に実質的な赤字および黒字要因を加えたものである。

図表Ⅶ-4　決算収支の構造

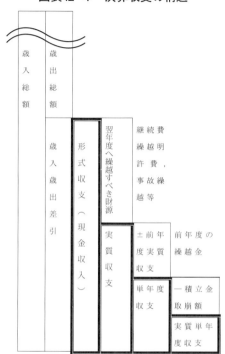

〔収支状況の分析ポイント〕

　自治体の収支は民間と異なり黒字を計上する必要はないが、少なくとも収支均衡は確保されていることが必要である。経験的に実質収支を標準財政規模で除して求めた実質収支比率は3～5％程度であることが望ましいとされる。

＊大阪市の収支状況をみると、実質収支は26億7,206万円であり標準財政規模8,518億4,044万円で除した実質収支比率は、0.3％でプラスであるが収支は非常に厳しい状況にある。前年度も0.1％で積立金67億円を取崩しても実質単年度収支は26億円の赤字であったことから収支均衡に留意する必要がある。

②歳入の状況

　歳入状況については、歳入の構成から使途の自由な一般財源や自らの権限で調達できる自主財源などの状況をみて、財源の構成から自主性を評価する。

　「決算カード」の歳入欄には、決算額とそのうち使途の自由な財源を経常一般財源等として再掲している。歳入は経常一般財源（地方税、地方譲与税の一部、地方交付税、各種交付金の一部など）と経常特定財源（国庫支出金のうち義務教育費や生活保護費国庫負担金等、都道府県支出金の一部など）、臨時一般財源（使用料・手数料の一部、繰入金のうち基金取崩、地方債のうち赤字地方債など）と臨時的特定財源（法定外普通税、特別交付金、国庫支出金、都道府県支出金など）に分けられる。財政運営上は、使途の自由な経常的一般財源の割合が多いほど自主的な運営が可能となる。

　地方税：地方税には、地方税法に基づき条例の定めにより賦課徴収する法定税と地方税法に定めがなく、条例によって賦課徴収する法定外税がある。またそれぞれ使徒の定めがない普通税と使途が定められている目的税がある。市町村の法定普通税は市町村民税、固定資産税、軽自動車税、鉱区税等があり、法定目的税は入湯税、事業所税、都市計画税等がある。法定外税の普通税は使用済核燃料税（柏崎市、伊方町、薩摩川内市）や狭小住戸集合住宅税（豊島区）、目的税は産業廃棄物税（青森県、新潟県、山口県等）や宿泊税（東京都、大阪府、京都市、金沢市等）などがあり、条例によって創設できる。

　地方譲与税：本来は地方の財源であるが徴税の便宜上、国が徴収したものを一定の基準で地方に譲与する税で、現在、次の７つがある。①地方揮発油譲与税、②石油ガス譲与税、③自動車重量譲与税、④特別とん譲与税、⑤航空機燃料譲与税、⑥森林環境譲与税、⑦特別法人事業譲与税。

　各種交付金：交付金とは、国ないし都道府県が徴収した税の一部を人口や就業者数等の基準で地方に交付する財源である。現在、交付金には、①利子割交付金、②配当割交付金、③株式等譲渡割交付金、④地方消費税交付金、⑤ゴルフ場利用税交付金、⑥自動車取得税交付金、⑦軽油引

取税交付金、⑧国有資産等所在市町村交付金、⑨国有提供施設等所在市町村助成交付金、がある。

地方特例交付金：国の減税により地方税で影響を受ける分を補填するための交付金である。2016年度は住宅借入金等特別税額控除の実施により個人住民税の減収を補填するために約1,200億円が交付されている。

地方交付税（交付金）：標準的な行政サービスを提供するために必要な経費を一定の基準で見積もり、その経費を地方税等の自主的な財源で賄えない不足分を地方交付税として国から交付される使途自由な一般財源である。算定方法等は、［図説：5 地方税制度］を参照のこと。

分担金・負担金：分担金は特定の事業に要する経費に充てるために事業により利益を受ける者から徴収する金銭である。負担金は主として国・地方自治体相互の経費負担関係に用いられる用語であり、いずれも特定財源である。

使用料・手数料：使用料は行政財産（公民館、学校、住宅等）を特定の者に利用させることで徴収する金銭である、手数料は特定の者にする役務（証明書の発行、許可証の交付、公簿の閲覧等）の対価として徴収する金銭であり、いずれも使途は自由であるため実際には一般財源である。

国庫支出金：国から事務の財源の全部または一部に充てるため交付される補助金で使途が決められた特定財源である。国庫支出金には、負担金（法令に基づく事務で国と地方の双方が負担の義務を負うもの）、委託金（専ら国の事務で国が全額負担の義務を負うもの）、補助金（国の奨励的事務または財政援助のためのもの）がある。なお負担金と補助金は明確には区分されていない。

都道府県支出金：都道府県から市町村に特定の事務に要する経費の財源として交付される補助金で使途が決められた特定財源である。国庫支出金と同様に負担金、委託金、補助金がある。

財産収入：公有財産のうち行政財産を除いた財産の貸付、出資、交換または売却等により生じた収入である。具体的には有価証券の配当や売却、基金運用利息等の収入、不要建物の売却などで使途は自由なため一

般財源である。

　繰入金：一般会計や特別会計、基金など相互に資金運用することから移される場合に繰入れられる資金が繰入金となる。

　繰越金：決算上剰余金が生じた場合に翌年度へ繰越す分である。剰余金が生じるのは決算で予算を超えた歳入ないし予算に満たなかった歳出があった場合であるが、後者では継続費や繰越明許費等の翌年度以降の繰越分が含まれることもあるので純額の繰越金はこれらを控除して求める。

　諸収入：収入のうちいずれの予算科目にも該当しないものはすべて諸収入に計上される。延滞金、科料、加算金、違約金などの収入である。

　地方債：地方財政法第5条による適債事業（公営企業、出資・貸付、借換、災害復旧、建設事業）の地方債のほか、赤字地方債（臨時財政対策債等）も計上される。地方債の発行については、2006年度よりそれまでの許可制から協議制（総務大臣等の同意、同意なきは議会へ報告）になり、原則として起債自由となったが、地方債の元利償還金である公債費が一定の割合を超えると起債制限される。

　〔自主財源と依存財源〕：自らの権能で徴収しうるか否かの区分で、地方税、手数料・使用料、財産収入等が自主財源、他の意思決定により交付される地方交付税、地方譲与税、国・県支出金、地方債等は依存財源である。

　〔一般財源と特定財源〕：使途の拘束性による区分で、地方税、地方譲与税、地方交付税等が使途の自由な一般財源で、国県支出金、地方債などが使途の決められた特定財源である。

〔歳入状況の分析ポイント〕

　使途が自由な財源が多いほど自主的な財政運営が可能となるため、自主財源ないしは一般財源の比率が高いほど自主性が確保されていると評価できる。自主財源である地方税収の割合は地方財政全体ではおおよそ4割であるので、地方財政全体では4割自治が確保されているということになる。自主財源がどの程度確保されているかが財政運営上の自立と安定の目安になる。

＊分析例として大阪市の決算カードを分析する。

　→財政力指数が0.92で交付団体であり地方交付税を含めた一般財源
　　の割合は51.5％、地方税の割合は44.0％で政令市の中で比較する
　　と高い。歳入に関しては過去5年間では安定的に推移している。

③市町村税の状況

　「決算カード」の市町村税の欄には、徴収済額とそのうち超過課税に
より徴収した額が記載されている。地方税は徴税の公平性から徴収率も
あわせて見ておく必要がある。以下は主要な地方税の説明である。

　市町村民税：個人に対して均等割と所得割、法人に対して法人均等割
と法人税割が課税され、市町村民税は道府県民税と合わせて一般に住民
税と呼ばれ、個人の均等割の税率は市町村が3,500円、道府県が1,500
円である。また所得割は所得額を課税標準とし、税率は2006年度まで
は市町村が3％、8％、10％、道府県が2％、3％であったが、2007
年度からは所得税からの税源移譲により所得割の税率は一律に市町村
6％、道府県4％の合計10％となった。

　固定資産税：土地、家屋、償却資産（事業に供される土地・家屋以外
の資産）を課税対象とする財産税である。課税標準は固定資産台帳に登
録された価格で適正な時価である。固定資産台帳は固定資産評価基準に
より土地と家屋については3年ごとに評価替が行われる。税率は標準税
率が1.4％であるが条例で引上げが可能である。また土地の評価額は地
域により偏りが大きいため均衡化を図るための負担調整制度がある。

　事業所税：都市環境の整備及び改善のために指定都市等（指定都市、
首都圏整備法、近畿圏整備法に規定する既成市街地又は既成市外区域を
有する市町村、人口30万人以上で政令で指定する市）で事業所として
家屋を有している個人及び法人に対して課税する財産税であり目的税で
ある。税率は資産割が事業所床面積1平方メートル当たり600円、従業
者割が従業員給与総額の100分の0.25である。

　都市計画税：都市計画事業又は土地区画整理事業のために、市町村が
都市計画区域内に土地又は家屋を所有する者に対して課税する目的税で
ある。課税標準は固定資産税と同じであり、税率は0.3％の制限税率が

設定されている。

〔市町村税の分析ポイント〕
　地方税は自主的運営の根幹であり歳入に占める割合が多いほど望ましいが税源の涵養は限られる。地方財政全体では地方税収の割合は４割である。地方分権改革で法定外税の創設が広がり税収の寄与は限定的であるが受益者負担の理解に役立っている。なお徴収率が低ければ公平な課税から問題が指摘され、過年度を含めた徴収率をチェックする必要がある。
→地方税は市町村民税と固定資産税で税収の85％を上げている。その他は都市計画税が８％で他の政令市とほぼ同じ税収割合であり、安定的に税収を確保しているといえる。超過課税については法人住民税で課しているが税収は少ない。

④性質別歳出の状況
　支出を経済的な性質別に分けて集計したのが性質別歳出である。性質別歳出の欄には、決算額とそのうち一般財源等で充当した充当一般財源とさらに経常経費に充当した一般財源等が示される。
　人件費：職員の給与や議員の歳費などすべての給与等（事業費支弁の職員給与を除く）に加えて、退職金、地方公務員共済年金負担金、職員互助会補助金なども含めたものである。なお、ゴミ収集や保育サービスの外部委託が進むにつれて人件費は削減されるが、委託先に支払う委託料は物件費に計上される。したがって自治体が負担する人件費は、物件費のうちの委託料も間接的には人件費が含まれている。
　扶助費：生活保護、児童福祉、老人福祉、身障者福祉に関する給付額でいずれも法令で支出が義務付けられている。扶助費は2000年に介護保険が導入されたため一時的に減少したが、少子高齢化対策で児童福祉などの社会保障関係の支出で年々膨れている。
　公債費：地方債の元利償還金、都道府県からの貸付金の返還金・利子、一時借入金の利子の額である。
　〔義務的経費〕：人件費・扶助費・公債費の合計額であり、これらは

法令等により支出が義務付けられているため義務的経費と呼んでいる。

物件費：人件費以外の賃金、旅費、交際費、備品購入費、委託料等である。民間委託が進むと委託料として支出されるため物件費の相当程度は委託先の人件費相当である。

維持補修費：庁舎・小中学校・その他公共施設の維持管理費である。ただし施設等の改良で機能が改善するものは普通建設事業費に計上される。

補助費等：公営事業への補助、一部事務組合への負担金、各種団体等への補助金などの経費である。

積立金：財政調整基金、減債基金、その他特定目的基金への支出が計上される。

繰出金：地方公営企業法の適用のない（法非適）会計への繰出分（運転資金、事務費、建設費、公債費財源、赤字補てん財源のための繰出し）が計上される。地方公営企業法の適用のある（法適）繰出分（負担金、補助金、出資金、貸付金）はここには計上しない。

前年度繰上充用：前年度の歳入が歳出に不足する場合、今年度の歳入を繰り上げて前年度の歳入に充てた額が計上される。繰上充用は赤字決算を避けるための非常手段である。

投資的経費：道路・橋りょう、公園、学校の社会資本の整備に要する経費であり、普通建設事業費、災害復旧事業費、失業対策事業費が計上される。投資的経費は社会保障関係等の支出に押されて低下している。

〔性質別歳出の分析ポイント〕

義務的経費は、歳出を硬直化させるためできるだけ抑えることが求められてきたが、少子高齢化や所得格差の拡大で扶助費の増加は避けられない。一方で、インフラ等の老朽化が進み、投資的経費を抑えたままでは住民生活の安心安全は確保できない。補助金や繰出金等の支出分析をとおして、支出の効率化、有効化を進めることが求められている。

→性質別歳出は社会保障関係費の扶助費が３割を超えて義務的経費が歳出の６割を占めている。扶助費は生活保護費が押し上げてきたが減少した一方で、コロナ禍対策等の支出で引き続き高い水準にある。これ

に対して投資的経費は1割を下回り、歳出の硬直化が非常に懸念される。

⑤目的別歳出の状況

　目的別歳出は行政目的に応じた区分であり、政策目的の配分としてみることもできる。目的別歳出の欄には、決算額とそのうち投資分に相当する普通建設事業費の額、また決算額のうち一般財源等から充当された金額が示されている。

　議会費：議会活動に要する経費で、議員の報酬や政務調査費、委員会の運営費、公聴会の実費支弁等の経費である。

　総務費：総務管理費（本庁舎、公会堂、市民会館などの維持管理・建設費）、徴税費、戸籍、住民基本台帳費、選挙費、統計調査費、監査委員費が計上される。

　民生費：社会福祉費、老人福祉費、児童福祉費、生活保護費、災害援助費が計上される。

　衛生費：保健衛生費、結核対策費、保健所費、清掃費（ごみ収集、運搬施設費など）が計上される。

　労働費：失業対策費、労働諸費（雇用促進等の経費）が計上される。

　農林水産業費：農業費、畜産業費、農地費（土地改良費、土壌改良費、農業集落排水事業・簡易排水事業会計への繰出金など）、林業費（造林、林道整備など）、水産業費（漁港建設費、漁港施設維持管理費）が計上される。農地費は土地改良、林業費は林道整備、水産業費は漁港建設など土木事業が中心となっている。

　商工費：工業団地造成費、消費者行政・中小企業関係経費、観光施設建設事業費が計上される。

　土木費：土木管理費、道路橋梁費、河川費、港湾費、都市計画費、空港費が計上される。

　教育費：小中学校の校舎建設・教員給与、社会教育費、幼稚園費などである。

　災害復旧費：農林水産施設災害復旧費、公共土木施設災害復旧費、その他が計上される。

　公債費：地方債の元利償還金費、都道府県からの貸付金の元利償還費、一時借入金利子が計上される。

　諸支出金：普通財産取得費（直接の事業目的を有しない普通財産の取得に要する経費）、公営企業費（交通・ガス・電気事業、収益事業への繰出金・貸付金）が計上される。

　前年度繰上充用金：「性質別歳出の状況」の前年度繰上充用金の額と一致する。

　特別区財政調整納付金：東京都と23区の財政調整の交付金である。地方交付税では都と23区は合算されている。

〔目的別歳出の分析ポイント〕

　行政目的別の区分であるため、おおよその行政サービスごとの支出がわかる。民生費は福祉関係。衛生費はゴミ収集等、土木費は道路等のインフラ整備や施設建設、教育費は小中学校等サービス、総務費は人件費を含めた事務管理等である。なお目的別歳出には人件費や消耗品費等の経常的経費と施設建設等の投資的経費が合算して計上されているため経費分析はできない。詳しく分析するためには「地方財政調査表」の表番号09〜13を入手すると性質別経費と目的別経費がクロスされて集計されているので詳細な分析が可能である。

→目的別歳出は社会保障関係の民生費が4割を超えているのに対し、教育費は1.5割、土木費は1割ほどである。社会保障の充実とともにインフラ整備の遅れが懸念され、どうこれらを両立して進めるか大きな課題である。

⑥指数等の状況

　指数等には、財政分析では重要な指標が記載されている。ここで算定される財政指標は、決算値を組み合わせて算定した値であり、また実質収支比率や実質公債費比率、実質赤字比率などは自治体間の比較を可能とするために分母に標準財政規模を充てて標準化している。したがって指数の値はあくまで相対的な値であることに留意しておく必要がある。指数の算定式に用いられる決算値を含めて以下に説明する。

　基準財政需要額：自治体に義務付けられた経費について、合理的で妥当な水準での行政活動を行うために必要な財政需要を各行政項目ごとに算定して求めた額である。

　基準財政収入額：標準税率で徴収しうる地方税、各種交付金および地方譲与税の合計額で求める普通交付税の算定基準である。

　標準税収入額：「(基準財政収入額－地方譲与税)×75／100＋地方譲与税」で求める額である。

　標準財政規模：標準税収入額に普通交付税の額を加えた額である。一般財源の標準規模を表している。自治体の一般財源規模という意味で財政の「身の丈」とも称されている。

　財政力指数：基準財政収入額を基準財政需要額で割った値の過去3年間の平均値である。この値が1未満であれば需要額に収入額が足りないので普通交付税が交付され、1以上であれば収入超過であるから不交付となる。なお不交付団体は富裕団体とも呼ばれるが、財政力指数はあくまで基準財政需要額と基準財政収入額をもとに算定された結果であって、実際の財源不足・富裕を表すものではない。財政運営の1つの目安として捉えるべき指標である。

　実質収支比率：実質収支(額)を標準財政規模で除して求めた割合であり、経験的に3〜5％程度が望ましいとされる。なお実質収支額が赤字の場合には起債等の制限が課される。

　経常収支比率：経常一般財源に対する経常経費充当一般財源の割合である。すなわち地方税や普通交付税など経常的に収入される財源のうち、人件費や公債費などの経常的に支出される経費に充当される割合であり、財政構造の弾力性を評価する指標である。この比率が高くなるほど財政構造は硬直化し、100％を超えると借入などの臨時財源に頼らなければ経常的経費を賄えなくなることを意味する。

　実質公債費比率：地方税、普通交付税のように使途が特定されず毎年度経常的に収入される財源のうち、公債費に加えて公営企業債に対する繰出金など公債費に準ずるものを含めた実質的な公債費相当額(普通交付税が措置されるものを除く)に充当されたものの占める割合の前3年度の平均値である。この比率が18％以上であれば地方債の発行に際

し許可（総務大臣または都道府県知事）が必要となる。さらに、25％
以上の団体は地域活性化事業等の単独事業に係る地方債が制限され、
35％以上の団体はこれらに加えて一部の一般公共事業債等についても
制限される。

　公債費負担比率：公債費に充当された一般財源の一般財源総額に対す
る割合で、公債費に充当する一般財源の額をできるだけ増加させないた
めの指標である。経験的に15％が警戒ライン、20％以上が危険ライン
とされる。

　積立金現在高：財政調整基金、減債基金、特定目的基金の合計額。財
政調整基金は年度間の財政の不均衡を是正するための積立金で、財政に
余裕のある時に災害時等の支出や収入減に備えて積み立てる基金であ
る。減債基金は公債費の償還を計画的に行うために積み立てる基金であ
る。特定目的基金は新庁舎建設など特定の目的のために積み立てる基金
である。財政調整基金以外は、設置目的のためでなければ取り崩すこと
はできない。

　地方債現在高：過去に発行した地方債の累積額をいい地方債残高とも
いう。ここには適債事業の地方債と臨時財政対策債の赤字地方債が含ま
れる。

　債務負担行為額：翌年度以降に行う債務負担の限度額を予め予算の内
容として決定しておくもので、土地などの物件購入、債務保証・損失補
償、利子補給などがある。

　収益事業収入：競馬、競輪、競艇、宝くじなど収益金が計上される。
最近は景気低迷によりこれら収益事業収入は激減しており、これらの事
業廃止も問題になっている。

　徴収率：それぞれの税について「収入済額」を「調定済額」で割った
徴収率が計上される。ここでの調定とは、法令等の規定に基づき徴収す
べき歳入内容を調査し収入金額を決定する行為である。

〔指数等の分析ポイント〕
　指数は自治体財政の特徴を示す数値であるがその読み方が大切であ
る。

①実質収支比率は収支均衡の状況を示している。望ましいとされる３％
　～５％はあくまで経験的な目安であり、同時に当該年度の収支である
　単年度収支と実質単年度収支の状況をみることが重要である。
②財政力指数は標準的行政サービスを自前（地方税収の75％）で賄え
　るか否かの１つの目安である。経常収支比率は経常的経費を経常的収
　入（地方税＋交付税）でどの程度カバーしているか財政構造の弾力性
　を表している。ただし財政力指数は自治体の努力で改善できるもので
　はなく現状の数値として認識することが重要。なお実質的な財政力と
　して財政の「身の丈」＝標準財政規模の大きさを意識することも重要
　である。
③経常収支比率は過去には市町村75％、都道府県80％程度が適正とさ
　れてきたが、最近では扶助費の増加に押されて多くが90％を超えて
　いる。そのため臨時財政対策債の発行分を一般財源として分母に算入
　して経常収支比率を算定しているため、その分だけ低く表されている
　ことに留意が必要である。
④実質公債費比率は地方債の元利償還負担の程度を示している。財政健
　全化法の施行や最近の少子高齢化対策への支出増により投資的経費が
　抑えられ公債費負担も減少している。なお地方債負担については、地
　方債在高に債務負担行為額を加え積立金現在高を控除した値を標準
　財政規模で割った値が200％を超えると財政運営が厳しくなるとされ
　る。
→財政指数をみると、実質収支比率は前述のように若干のプラスで均衡
　ではあるが厳しい状況である。財政力指数は１を下回り交付団体であ
　る。経常収支比率は2019年度は地方税の増収で93.4％に改善し類似
　団体とほぼ同じとなったが、過去５年間では100％を超えて財政構造
　は硬直化していた。財政構造は税収に依存しているところがある。実
　質公債費比率は投資的経費を削減してきたことで低下傾向を示してい
　る（図表Ⅶ-5を参照）。

③ 類似団体との比較分析

　類似団体とは、同じような人口規模と産業構造をもった自治体を一定

の基準で類型化したものである。類型ごとに財政指数等の平均値が総務省のHPに掲載されているので、その数値と比較して特徴を明らかにすることができる。

　類似団体の類型区分は、都道府県は、東京都を除いて道府県を財政力指数で5グループ(A～E)に分けられている。市区町村は、政令指定都市、特別区、中核市、施行時特例市はそれぞれ1区分とし、他の市町村は人口規模（人口数）と産業構造（第Ⅰ、Ⅱ、Ⅲ次の就業人口割合）で都市は16類型、町村は15類型に分けられている（総務省掲載HP https://www.soumu.go.jp/iken/ruiji/）。

　決算統計にはそれぞれの類型が記載されている。また「財政状況資料集」の市町村財政比較分析表（図表Ⅶ-5）には、主要な財政力指数や経常収支比率などの財政指標が類似団体とともに過去5年間の数値をグラフで示した図が掲載されている。またグラフには自治体の担当部署のコメントも記入されているので参考になる。

　なお類似団体の数値はあくまで類型ごとの平均値であって、あるべき目標値ではないことに留意する必要がある。とくに類型の中で該当団体数が少ない類型（Ⅲ-1は5団体、Ⅲ-0は1団体）では比較分析は適当ではない。

▶ 4 財務書類の財政分析 ◀

1 財務書類の導入

　政府の会計制度（公会計制度）は、明治以来現在まで官庁会計方式（単式簿記・現金主義）であるが、これに企業会計方式（複式簿記・発生主義）を導入することで企業と同様の決算書である財務書類を作成して、インフラ等資産のストック情報と建物等の使用コストである減価償却費などの発生コスト情報をえることで、より計画的なインフラ資産等の管理や効率的で効果的な財政運営に活用する公会計改革が進められてきた。

　自治体の財務書類の作成は、総務省が2001年に自治体のバランスシートと行政コスト計算書の作成マニュアルを公表して以降、公会計財務

図表Ⅶ-5　「財政状況資料集」のうち財政比較分析表（大阪市）

(3) 市町村財政比較分析表（普通会計決算）

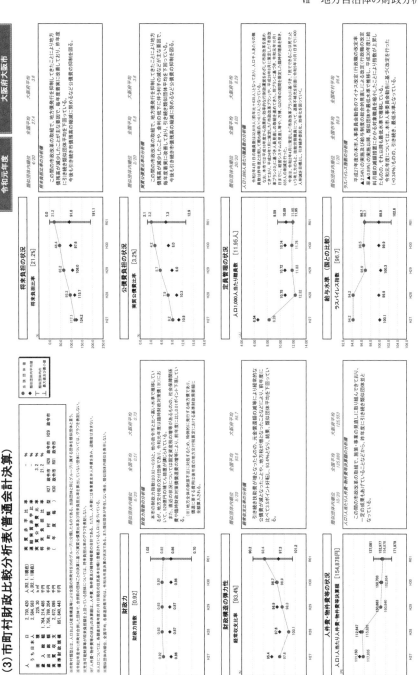

出所：総務省「財政状況資料集」。

書類の整備が進められてきた。2015年に統一的公会計基準が示されて、同じ基準で公会計財務書類の作成・公表が全ての自治体で実施されている。

　財務書類は法的に作成は義務付けられてはいないが、予算マネジメントにおいて行政評価などに不可欠な会計情報を提供する。予算マネジメントは［解説：Ⅱ　予算の制度と議論］で説明したように、マネジメント・サイクルで決算を評価する際に財務書類は必須となる。現行の官庁会計による決算ではストック情報と発生コスト情報がえられないため、効率性や効果性の評価はできない。予算マネジメントを機能させるためには、企業と同様の財務書類の決算は不可欠となっている。

2 財務書類の体系

　自治体の財務書類は、企業の財務諸表を参考に体系が作られてきたのであるが、公会計には利益概念がないため損益に関わる計算体系はない。また所有者の概念がないため資本金は存在しえない。財務書類はこうした違いを反映した体系となっている。自治体の財務書類は４表。①年度末時点の資産・負債とその差額の純資産を計上した貸借対照表（バランスシート）、②年度中の減価償却費等の発生費用を含めて費用と手数料等の収益を計上した行政コスト計算書、③年度中の現金の収支を活動別に計上した資金収支計算書（キャッシュフロー計算書）、④年度中の純資産の動きを計上した純資産変動計算書である。これらは相互に関連しており、決算数値を他の計算書で確認することができる。

　公会計財務書類で最も有用なのは貸借対照表である。貸借対照表は、資産と負債とその差額を純資産（負債）残高として表すが、貸方（右の欄）の純資産（負債）合計額は純資産変動計算書で当期の変動要因が示され、借方（左の欄）の現金預金は資金収支計算書で活動別に収支が明示されて残高として示される。企業会計の損益計算書は公会計では売上に相当する収益がないため、コスト（発生コスト含め）のみの行政コスト計算書として表す。なお税収は純資産変動計算書に行政コスト計算書の収支計の純行政コストとともに計上され、純資産の変動要因として示される。

図表Ⅶ-6　大阪市の財務書類

統一的な基準による一般会計等財務書類（令和元年度）

「資産」（貸借対照表）は、道路・建物などの有形固定資産を主として、15兆7,390億円ありますが、同時に将来世代の負担となる「負債」（貸借対照表）も、「資産」の約2割にあたる3兆377億円あります。

また、1年間の経常的な行政活動を行うために必要となる費用である「純経常行政コスト」（行政コスト計算書）は、生活保護等の社会保障給付といった「移転費用」を主として、1兆2,596億円、市民1人当たり46万円でした。

```
資　　　　産 ・・・・・・・・・・　15兆7,390億円　（市民1人当たり　576万円）
負　　　　債 ・・・・・・・・・・・　3兆 377億円　（　　〃　　　　111万円）
純経常行政コスト ・・・・　1兆2,596億円　（　　〃　　　　 46万円）
```
＊市民1人当たりの金額は、令和2年1月1日現在の本市住民基本台帳人口（2,730,420人）を用いて算出しています。

貸借対照表

大阪市が持っている資産と負債を表しています。
資産のうち、道路・学校・公園など行政サービスを提供するために必要な資産（事業用資産・インフラ資産）が約9割を占めています。

資産	15兆7,390億円	負債	3兆 377億円
固定資産	15兆2,628億円	地方債	2兆6,258億円
事業用資産	4兆9,695億円	その他	4,119億円
インフラ資産	8兆4,144億円	【将来世代の負担】	
その他	1兆8,789億円		
流動資産	4,762億円	純資産 12兆7,013億円	
（うち現金預金	588億円）	【過去・現世代の負担】	

行政コスト計算書

1年間の行政活動にかかるコストを表しています。
経常費用のうち、生活保護等の社会保障給付といった「移転費用」が約6割を占めています。

経常費用	1兆4,185億円	臨時損失	286億円
業務費用	6,128億円	臨時利益	96億円
人件費、物件費など			
移転費用	8,056億円	純行政コスト	
社会保障給付など			1兆2,786億円
経常収益	1,589億円		
使用料及び手数料など			
純経常行政コスト	1兆2,596億円		

資金収支計算書

1年間の資金（現金）の流れを性質別に表しています。
業務活動収支及び投資活動収支で生じた資金を財務活動収支に充てた結果、本年度末現金預金残高は588億円となりました。

前年度末資金残高	26億円
本年度資金収支額	49億円
業務活動収支	1,761億円
投資活動収支	▲ 72億円
財務活動収支	▲ 1,640億円
本年度末資金残高	74億円
前年度末歳計外現金残高	499億円
本年度歳計外現金増減額	14億円
本年度末歳計外現金残高	514億円
本年度末現金預金残高	588億円

純資産変動計算書

貸借対照表の純資産（過去・現世代がすでに負担したお金）の1年間の変動額を表しています。
1年間で465億円増加し、本年度末純資産残高は12兆7,013億円となりました。

前年度末純資産残高	12兆6,548億円
本年度純資産変動額	465億円
本年度差額	1,426億円
純行政コスト	▲ 1兆2,786億円
財源	1兆4,212億円
その他	▲ 960億円
本年度末純資産残高	12兆7,013億円

＊ 金額は1億円未満を四捨五入しているため、内訳と合計が一致しない場合があります。

出所：大阪市HP。

　図表Ⅶ-6で実際の数値でみよう。大阪市の簡略化された財務書類である（2019年度一般会計財務書類。財務書類は特別会計を含めた全体財務書類と外郭団体等を含めた連結財務書類も作成される）。相互に関連した数値が矢印で示されている。貸借対照表の資産をみると、一般会計で所有する資産は15.7兆円（うちインフラ資産は8.4兆円、事業用資産は4.9兆円）であり、この金額が市民に提供されているインフラ等の資産の金銭評価額である。この資産の資金調達先が負債3.0兆円（うち地方債2.6兆円）と純資産12.7兆円である。負債が少なく純資産が多いのが特徴的である。

　貸借対照表の純資産12.7兆円の年度内の変動要因が純資産変動計算書で示されている。そのうち純行政コストの変動内訳は、行政コスト計算書で経常費用から経常収益を控除した純行政コスト▲1.2兆円と計算される。経常収益は使用料手数料等で地方税は入っていないのでほぼ行政コストの金額となり、ここには決算統計には計上されない減価償却費と退職給与引当分が含まれている。資金収支計算書は貸借対照表の現金預金の内訳が示されている。

③ 財務書類の分析

　自治体財務書類4表のうち、一般的に財政分析として有用なのは貸借対照表と行政コスト計算書である。この2つの決算書の分析について解説しよう。

　貸借対照表は、期末時点の資産と負債およびその差額である純資産（純負債）の在高表であり、財政状態を表している。企業会計で貸借対照表の機能は3つある。①資金の調達先と運用先を表す。資金の調達先は借入先であり負債として計上される。一方、運用先は調達した資金を振り向けた先であり、生産活動のために機能させる。生産活動の結果、増殖した分が資本の増加として計上される。②期間損益のための資産の収益力と負債の費用を表す。企業会計は利益計算のための会計であるので、損益計算書が重要でありその補助として貸借対照表が作成される。③解散時の残余財産を表す。企業が解散した場合にどれだけの残余財産があるかを表示するもので、所有者に期末時点で配分できる価値を示す。

　公会計で以上のことを考慮して貸借対照表の機能を考えると、②と③は企業会計のための機能であり公会計では該当しない。それゆえ公会計では①の資金の調達先と運用先の表示として機能させることができる。すなわち、財政資金をどこから調達し、それをどの資産にどれだけの金額で運用しているかを明らかにしている。この場合、納税者の負担との関係で考えるなら、資産の評価は取得価格を用いることがわかりやすい。また資金の調達先の負債と運用先の資産の差額である資本は、公会計では政府はだれの所有物でもないので資本ではなく純資産（負債）と表している。

　貸借対照表の分析では、次のように利用されている。

①社会資本の世代間負担比率

　　有形固定資産合計で固定負債と純資産をそれぞれを割ることで世代間の負担比率を求める。固定負債は主に地方債であるので将来世代の負担であり、純資産はこれまでの税負担や国等からの補助金の分としてみることができ、これまで世代の負担として捉える。

　・将来世代の負担比率＝固定負債／有形固定資産合計

　・これまで世代の負担比率＝純資産／有形固定資産合計

②有形固定資産減価償却費率（老朽化比率）

　　減価償却対象の有形固定資産の耐用年数にわたって計上される減価償却費の累積額を取得価格で割って求める。庁舎や校舎など減価償却対象の固定資産について供用からの償却済みの経過を老朽化として捉えている。

　・有形固定資産減価償却比率＝

　　　　　　　　　　減価償却累計額／減価償却累計額＋取得価格

③住民１人当たりバランスシート

　　バランスシートの数値を人口で割って住民１人当たりのバランスシートを作成することで、他団体と比較して特徴なり特異性を検証することができる。ただし、自治体により状況は異なるため比較分析にはそれらの事情を考慮して読む必要がある。

　・住民１人当たり＝資産／人口

次に、行政コスト計算書の分析では、ここでの費用は決算統計の歳出

に計上された現金支出の費用に加えて、非現金支出の費用である有形固定資産の減価償却費と職員の当該年度の退職給与引当分も発生コストとして認識し計上している。費用計算により、民間とのコスト比較が可能となる。行政コスト計算書の分析については、以下のような視点でコスト分析が可能である。

①経年比較：

　　経常費用のうちの項目について、経年比較することにより分野ごとのサービスコストの変化等を把握できる。これは決算カードでも可能であるが、減価償却費等の発生コストを含めた変化をみることができる。

②住民1人当たり行政コスト計算書：

　　行政コストの住民1人当たりの額を算出することにより、類似団体とのコスト比較をすることができる。ただ相対的比較であり、地勢などの違いがコストに反映されることも多いことを考慮して分析する必要がある。

・住民1人当たりコスト＝資産／人口

③経常収益対行政コスト比率

　　経常費用と経常収益の項目ごとの比率をみることにより、その分野の行政コストがその分野の受益者からの使用料、手数料等でどれほど賄われているかが把握でき、受益者負担等の状況が分析できる。

・経常収益対行政コスト比率＝経常収益／経常費用

▶ 5 自治体財政健全化法の概要と現状 ◀

1 自治体財政健全化法の概要

　自治体の財政再建制度の見直しが行われたのは50年ぶりであった。2007年6月に公布された「地方公共団体の財政の健全化に関する法律」（以下、健全化法とする）は、1955年に制定された地方財政再建促進特別措置法（以下、旧再建法）に代わり、新たな自治体の財政再生制度として2009年4月から施行された（一部は2008年4月から施行され、

2007年度決算に係る健全化判断比率の公表が義務付けられた）。

　財政再建制度の見直しは、行財政改革が議論されている中で2006年2月に発足した「地方分権改革ビジョン懇談会」で新たな再生法制の議論が始まった。同年の6月に夕張市の"破綻"が発覚したこともあり、財政再建制度の見直しが急がれた。総務省は2006年8月に「新しい地方財政再生制度研究会」（以下、再生制度研究会とする）を設置し、新たな再生制度の法制化に向けた検討を始めた。再生制度研究会は2006年12月に報告書をまとめ、その中で現行の再建制度の課題について、財政情報の開示がないこと、早期に是正する機能がなく結果的に住民に過大な負担を求めかねないこと、赤字が普通会計のみを指標としていること、さらに公営企業についても問題点を指摘し、透明なルールに基づく早期の是正スキームと破綻段階の再生スキームの2段階の新たな制度を提言した。

　総務省はこの提言を受け、新たな再生法制の検討を進めた結果、2007年6月に健全化法の成立に至った。健全化法の概要は図表Ⅶ-7のように、早期健全化基準として4つの健全化判断比率、①実質赤字比率、②連結実質赤字比率、③実質公債費比率、④将来負担比率、それに公営企業の資金不足比率が法定された。さらに財政再生基準として前記の①、②、③が法定され、それぞれ基準の比率が1つでも超えると、早期健全化団体ないし財政再生団体として指定される。自治体は毎年度法定された5つの数値を公表することが義務付けられた。

　自治体の財政再建制度として制定された健全化法の特徴は、1つは全ての自治体は4つの健全化判断比率（実質赤字比率、連結実質赤字比率、実質公債費比率、将来負担比率）と公営企業ごとの資金不足比率を算定して監査委員の審査に付した上で、議会に報告し公表することを義務付けたことである。また新たに早期に健全化を図るために再生の前に「早期健全化」段階を設け、破綻となる「財政再生」段階とともに2つの段階で健全化と再生を図るスキームを導入したことである。健全化判断比率のいずれか1つでも政令で定めた早期健全化基準（自主的な財政健全化が必要な段階）ないし財政再生基準（自主的な財政健全化が困難な段階）を上回ると、財政健全化計画ないし財政再生計画を議会の議決を経

図表Ⅶ-7　自治体財政の健全化の概要

地方公共団体の財政の健全化に関する法律の概要

（財政悪化）↑　　（健全財政）↓

早期健全化基準未満の地方公共団体

○ 指標の整備と情報開示の徹底

○ フロー指標
・実質赤字比率
　一般会計等を対象とした実質赤字額の標準財政規模に対する比率
・連結実質赤字比率
　公営企業会計を含む全会計を対象とした実質赤字額の標準財政規模に対する比率
・実質公債費比率
　一般会計等が負担する元利償還金及び準元利償還金の標準財政規模を基本とした額に対する比率

○ ストック指標
・将来負担比率
　地方公社や第三セクター等を行っている出資法人等に係るものも含め、一般会計等が将来負担すべき実質的な負債の標準財政規模を基本とした額に対する比率

経営健全化基準未満の公営企業

・資金不足比率（公営企業ごと）
　公営企業ごとにその資金の不足額の事業の規模に対する比率

財政の早期健全化（早期健全化団体）

○ 自主的な改善努力による財政健全化
・財政健全化計画を策定（議会の議決）
（策定にあたり外部監査の要求を義務付け）
・実施状況を毎年度議会に報告し公表
・早期健全化が著しく困難と認められるときは、総務大臣又は知事が必要な勧告

○ 公営企業の経営の健全化（経営健全化団体）
・経営健全化計画を策定（議会の議決）
（策定にあたり外部監査の要求を義務付け）
・実施状況を毎年度議会に報告し公表
・経営健全化が著しく困難と認められるときは、総務大臣又は知事が必要な勧告

財政の再生（財政再生団体）

○ 国等の関与による確実な再生
・財政再生計画を策定（議会の議決）
（策定にあたり外部監査の要求を義務付け）
・財政再生計画は、総務大臣に協議し、同意を求めることができる
【同意無き災害復旧事業等を除き、地方債の起債を制限】
【総務大臣同意を得ている地方債（再生振替特例債）の起債可】
・財政運営が計画に適合しないと認められる場合等には、予算の変更等を勧告

	早期健全化基準	財政再生基準
実質赤字比率	道府県：3.75%　市区町村：11.25%～15%	道府県：5%　市区町村：20%
連結実質赤字比率	道府県：8.75%　市区町村：16.25%～20%	道府県：15%　市区町村：30%
実質公債費比率	25%	35%
将来負担比率	都道府県・政令市：400%　市区町村：350%	
資金不足比率（公営企業ごと）	経営健全化基準　20%	

※ 毎年度、健全化判断比率・資金不足比率を監査委員の審査に付し、議会に報告するとともに公表。

※ 実質赤字比率及び連結実質赤字比率は、東京都の基準は、別途設定されている。

出所：総務省HPより転載。

て策定し公表するとともに、知事・総務大臣に報告することを自治体に
求めたのである。公営企業については「経営の健全化」段階を設け、資
金不足比率が経営健全化基準（自主的な財政健全化が必要な段階）以上
になると経営健全化計画の策定が義務付けられた。

　健全化法は、全ての自治体が法定されたルールで明確な基準により2
段階で早期に健全化を図っていくことを目指したものでこれにより、つ
ねに行政と議会それに住民がそれぞれ財政をチェックし破綻を未然に防
ぐことを期待したものである。

② 自治体財政健全化の現状

　2007年に公布された健全化法は、自治体の破綻法制を整備するとと
もに、累積していた地方債残高を抑制して早期に財政の健全化を進める
ことがこの法律の目的であった。そのため起債を抑制して財政健全化を
促すため、財政指標は外郭団体を含めて債務返済の負担状況を財政規模
（標準財政規模）に比して示すものとして設定された。

　健全化法は2008年4月から施行されたのであるが、試行的に2007年
度決算より健全化判断比率等が公表されてきた。図表Ⅶ-8は、2007年
度決算から直近の2020年度決算まで健全化判断比率と資金不足比率の
該当団体をまとめた表である。健全化判断比率の結果からみると、同比
率の1つ以上が財政再生基準以上となり、財政再生団体となった団体は、
2007年度決算では3団体であったが、その後は夕張市1団体のみとな
り現在も該当している。

　次に、健全化判断比率の1つ以上が早期健全化基準以上となり、早期
健全化団体となった団体の数は、2007年度決算では43団体であったが
その後は減少が続き、2013年度以降はゼロとなった。その後も健全化
判断比率の改善は続いて2020年度には全ての比率が低下した。また公
営企業会計の資金不足比率についても該当の会計は1桁まで減少した。

　以上のように、自治体財政は、2013年度決算から特別な事例である
夕張市を除いて全ての自治体で“健全”という結果となった。しかし地
方財政は健全であるといえるのか。財政分析でみたように、健全となっ
たのは健全化判断比率が地方債残高に係る比率であり、投資的経費が抑

制されてきたことで低下してきた。これに対して経常収支比率は市町村で90％を超えて高止まりし、また社会保障関係費の扶助費も年々増加し財政の硬直化が進んでいる。投資的経費の抑制は、インフラの老朽化が進む中で更新投資を滞らせている。

　自治体財政健全化法は、地方債残高を多く抱えた時期に主に公債費を抑えるための法整備であったが、現在は公債費よりも扶助費が財政運営を厳しくしている。地方行政サービスの役割も考えながら、健全化法のあり方を再検討する時期にきているようである。

図表Ⅶ-8　健全化団体の推移

健全化判断比率	2007年度決算	2008年度決算	2009年度決算	2010年度決算	2011年度決算	2012年度決算	2013年度決算		2020年度決算
財政再生基準以上の団体	3 赤平市、夕張市、大滝村	1 夕張市	1 夕張市	1 夕張市	1 夕張市	1 夕張市	1 夕張市		1 夕張市
早期健全化基準以上の団体	43	22	14	5	2	1	0		0
・実質赤字比率									
財政再生基準以上	1	1	0	0	0	0	0		0
早期健全化基準以上	2	2	0	0	0	0	0		0
実質赤字団体									
都道府県	1	0	0	0	0	0	0		0
市区町村	23	19	13	8	2	0	2		0
・連結実質赤字比率									
財政再生基準以上	2	1	0	0	0	0	0		0
早期健全化基準以上	11	2	0	0	0	0	0		0
赤字団体									
都道府県	0	0	0	0	0	0	0		0
市区町村	79	39	31	17	9	7	6		0
・実質公債費比率									
財政再生基準以上	2	1	1	1	1	1	1		1
早期健全化基準以上	33	20	12	4	0	0	0		0
都道府県平均	13.5%	12.8%	13.0%	13.50%	13.9%	13.70%	13.5%		10.2%
市区町村平均	12.3%	10.8%	11.2%	10.50%	9.9%	9.20%	8.6%		5.7%
・将来負担比率									
早期健全化基準以上	5	3	3	2	2	2	1		0
都道府県平均	222.3%	219.3%	229.2%	220.8%	217.5%	210.5%	200.7%		171.3%
市区町村平均	110.4%	100.9%	92.8%	79.7%	69.2%	60.0%	51.0%		24.9%
資金不足比率									
・早期経営健全化基準									
経営健全化基準以上	156	61	44	38	36	20	18		9
資金不足のある会計	257	202	162	119	88	60	60		9
全会計	7,448	7,345	7,146	7,042	6,955	6,806	6,872		5,989

注：夕張市は2020年度決算で実質公債費比率70.0％、将来負担比率336.0％。
出所：総務省資料より作成。

論　点

地方財政の課題と対応

I
過疎過密の現状と地方財政の対応

▶ 1 国土開発計画の功罪 ◀

1 5次にわたる国土開発計画

　わが国の終戦からの復旧復興は驚異的なものであった。政府資本を中心に進められた経済政策は、1955年から2桁の高度経済成長率が1970年まで続き、わが国は敗戦から急速な復興を遂げて先進国の仲間入りを果たした。

　政府は経済復興に際して、国土開発計画を1962年から5回にわたり策定して進めてきた。最初の「全国総合開発計画」（旧全総、目標年次1970年）は重点的にインフラ整備等を進める内容であった。経済は急速に拡大し高度経済成長を実現した。こうした半面、基本目標に「地域間の均衡ある発展」が掲げられていた。すでに拠点開発による人口の集中と他の地域からの流出が起きていた。

　第2次となる「新全国総合開発計画」（新全総、目標年次1985年）は1969年に策定された。高度経済成長の推進、人口・産業の大都市への集中、交通・通信などの情報化・国際化を図る大規模開発プロジェクト方式・巨大大型工業基地による技術革新の進展などが実施された。高度経済成長期で新全総は、一連の全国総合開発計画の中でも最も開発志向の強い計画であった。しかし1973年の第1次石油危機を契機に、公害、環境問題などが社会問題として発生したこともあり経済は不況に陥った。

　新全総は終了期限を待たずに、1977年に第3次の「全国総合開発計画」（三全総、目標年次おおむね10年間）が策定された。三全総は、理念はかなり完成度が高いという評価があったが、実際の行政上の国土計画に十分に反映されずに中途半端に計画期間が終了した。その後、1987年

に第４次となる「全国総合開発計画」（四全総、目標年次おおむね2000年）が策定された。人口・諸機能の東京一極集中、産業構造の急速な変化などにより、地方圏での雇用問題が深刻化したため地方を重視し大都市問題への対応が行われたが、結果として東京一極集中には歯止めはかからなかった。また「多極分散」を提唱しながらも、実際には機能は地方に分散されず、地方からの要求の多くは交通基盤の整備に向けられた。

　国土計画最後となった第５次の国土総合開発計画は、「21世紀の国土のグランドデザイン」（五全総、目標年次2010年から2015年）として1998年に公表された。「全国総合開発計画」から名称を変えているのは、これまでの開発中心の国土計画とは異なった方向転換を述べており、国土計画行政の転換の流れがあった。

　以上の５次にわたる国土開発計画は、強力な拠点開発から始まり均衡ある国土の発展を目指して大きな成果を生んできた半面、過疎過密の問題を生じせしめ、同時に地域活性化を進め均衡ある発展も目指してきた。しかし今なお東京一極集中は収まらないばかりか、拡大し続けている。国土開発計画は、一極集中の是正を多極分散型の国土形成で目指してきたが、交通網の整備は都市への流出をかえって助長した。高速道路網と新幹線の整備は都市以外の地域から人口を吸い上げるストロー現象を引き起こし、結果として過疎地域の拡大を招いてしまった。

② 過疎過密はいまも続いている

　わが国の国土開発が物流の利便性等から太平洋ベルト地帯を中心とした拠点を中心に進められてきたことは至当であり、日本経済の発展の基礎を築いてきたことは確かである。また国土の約３割しか可住地を持たないわが国にとって、土地の選択に余地がなかったことも確かである。その代償として、拠点となった地域に経済と人口の資源が集中し、その他の地域で人口の流出が生じた。このことは他の国でもみられるのであるが、わが国の問題は、過密の程度が大きく、いまだに過疎過密が進んでいることである。

　戦後の人口移動をみると（図表Ⅰ-1）、3度の移動期が確認されている。高度経済成長期の1961年に地方圏から東京圏を中心に最大の移動があ

り、地方圏から65万人が流出している。その後は人口移動はみられず、均衡期が1975年頃まで続いている。再び人口移動が起きるのはバブル期である。前回ほど大きな人口移動とはならなかったが、経済拡大期に合わせて地方圏からの人口流出は続いている。現在は第3人口移動期として発生しており、2007年をピークに縮小傾向がみられるものの、地方圏から東京圏への移動は収まっていない。

図表Ⅰ-1　戦後都市圏と地方圏の人口移動の推移

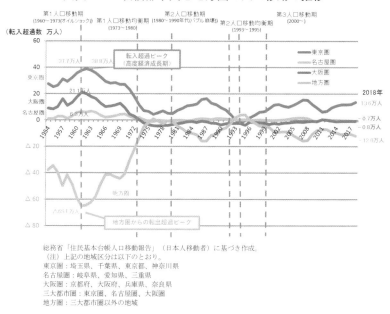

出所：内閣府「まち・ひと・しごと創生長期ビジョン」2019年。

　戦後、政府の国土開発計画とともに築かれてきた生産拠点と物流網の整備は、今日の日本経済の礎ともなっている。このことは大方が評価しているが、その結果として過疎過密を生んだ。これは代償であるのか、あるいは必然であるのか。他国でも首都への集中とそれ以外の過疎は生じている。図表Ⅰ-2は、欧米各国の首都の人口集中度（首都人口／総人口）である。わが国は東京都への人口集中度は戦後一貫して上昇し続け、

2010年には30%を超えている。これに対して、ロンドンとパリはその半分の約15%程度でほとんど変化はない。またニューヨーク、ベルリン、ローマは10%以下であり、ここもほとんど変化はない。10%を下回っている首都では、政治、経済、文化などが歴史的な背景で異なる都市で発展してきたことがある。これに対してわが国では、江戸期より首都を東京に置いて、ほとんどの機能を集中させて集積のメリットを求めて発展してきた。

　首都集中は危険もはらむ。首都直下地震の発生が高い確率で予測されている。政府は首都機能の分散を忘れたころに繰り返し表明してきたが、これまで一部の政府機関を移設した例はあるが全体としては進展をみな

図表 I-2　欧米諸国の首都の人口集中度

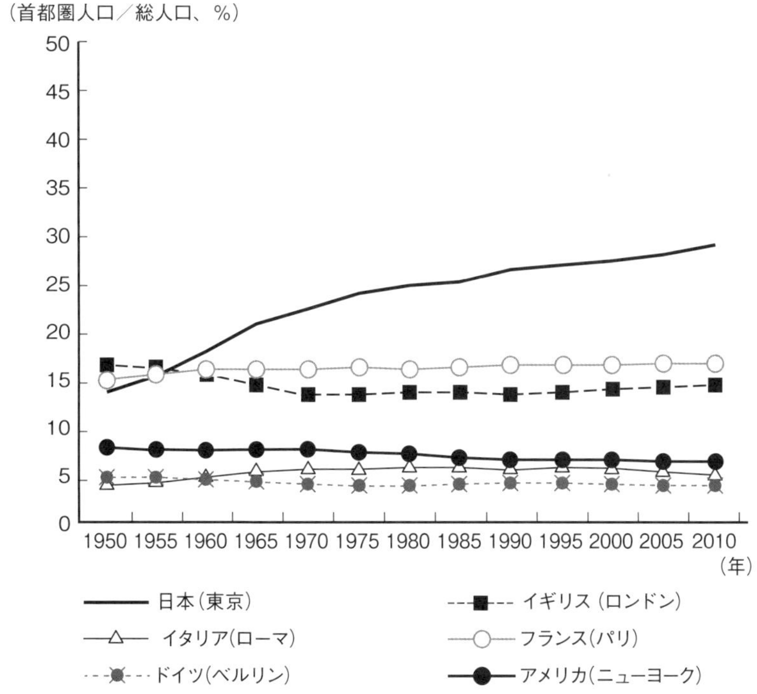

（首都圏人口／総人口、%）

出所：国土交通省資料。

い。過疎過密は、わが国では依然として進行していて解消されない問題
である。

▶ 2 過疎自治体の現状と今後 ◀

1 過疎法の制定

　1955年から1970年まで続いた高度経済成長は、わが国を先進国に押
し上げたが、その代償として深刻な過疎問題を残してきた。過疎となっ
た地方では、それまでの生活水準や地域社会の維持が困難となるなど深
刻な問題が発生してきた。地方の農山漁村の人口流出は、“消滅可能性
都市＊”、“限界集落＊＊”、などの衝撃的な言葉を登場させた。過疎過密
は社会問題となってきた。

> ＊日本創生会議が2014年に発表した2010年から2040年にかけて20～39歳の若年
> 女性人口が5割以下に減少すると予想される都市のこと。896団体を指定し豊島
> 区も含まれ話題となった。
> ＊＊集落人口の50％以上が65歳以上で維持が困難な集落。2015年の国交省の調査
> で今後10年以内に消滅する恐れがある集落は570と予測していた。

　政府は過疎地域の対策として、1970年に「過疎地域対策緊急措置法」
を10年の時限立法として制定した。この過疎法はこれまで4次にわた
り制定され、現在は2021年4月1日に第5次となる「過疎地域持続的
発展の支援に関する特別措置法」が施行されている。

　過疎法は、人口の著しい減少等により地域社会の活力が低下し、生産
機能や生活環境の整備等が他の地域に比較して低下する地域について、
計画的な対策を実施するために必要となる措置を講ずることで、地域の
維持・発展に資することを目的としている。

　過疎法による特別措置は次のようである。

　・財政措置
　　・国の負担又は補助の割合の特例
　　・教育施設（公立小中学校の統合に伴うもの）：通常1／2→特例
　　　5.5／10
　　・児童福祉施設（保育所）：通常1／2→特例5.5／10等

・消防施設（防火水槽等）：通常1／3→特例5.5／10
・過疎地域持続的発展のための地方債（過疎対策事業債）
　過疎債は元利償還金の7割が交付税措置される。等
・行政措置（都道府県代行制度）
・過疎地域市町村は市町村が事業主体となって整備するべき基幹的
な市町村道等及び公共下水道について、都道府県が市町村に代
わって事業を行うことができる。等
・税制措置
・所得税・法人税に係る減価償却の特例
・地方税の課税免除又は不均一課税に伴う地方交付税の減収補てん
措置。等

　なお過疎地域市町村には、市町村合併により一定の要件に該当する場合には条件により、みなし過疎と一部過疎として過疎法が適用される（図表Ⅰ-3で過疎市町村885団体のうち、みなし過疎は14団体、一部過疎は158団体）。

❷ 過疎市町村の現状

　過疎法で指定されている市町村の数は、2022年4月現在で885団体であり、全市町村1,718団体のうち51.5％を占めて半数に上る。過疎市町村の占める面積は国土の63.9％であるが、人口ではわずか9.2％である。過疎以外の4割の土地に9割の人口が住んでいることになる。

　過疎地域の人口減少はすでに昭和30年代（1955年～）から始まっていた。1955年は過疎地域の人口の割合は20％を超えていたが、平成年代（1989年～）に入ると12％程度まで下がり、2010年からは1桁台になった。

　わが国の人口は2015年から減少が始まった。出生数はすでに1974年にピークをつけて出生率も下がり続け、人口減少は確実である。人口増加となる合計特殊出生率が2.08を上回ることはこの先絶望的である。人口減少と高齢人口増の社会を日本全体でどう維持し、その中で過疎地域をどう支えていくのか。大きな問題が突き付けられている。

図表 I-3　過疎市町村の状況

区　　分	過疎市町村	全市町村
過 疎 市 町 村 数	885	1,718
全国に対する割合（%）	51.5	100.0
過 疎 地 域 人 口（千人）	11,626	126,146
全国に対する割合（%）	9.2	100.0
過 疎 地 域 面 積（㎢）	241,383	377,976
全国に対する割合（%）	63.9	100.0

2022年4月1日現在。
出所：総務省資料より作成。

▶ 3 人口減少時代をさまよう自治体 ◀

1 地方創生戦略の目標

　「まち・ひと・しごと創生総合戦略」では、予定通り人口減少に歯止めがかかり、2040年までに合計特殊出生率が2.07まで回復した場合、2060年には総人口１億人程度を確保し、2090年頃には人口が定常状態になると見込んでいる。「人口の安定化」とともに「生産性の向上」が図られ、2050年代の実質GDP成長率は、1.5～２％程度が維持されるとみる。すでに、地域商品券発行助成などの「地域消費喚起・生活支援型」、総合戦略の先行実施として人口減少対策を行う「地方創生先行型」など「地域住民生活等緊急支援のための交付金」、「まち・ひと・しごと創生事業費」など多様な取組みが動き出してきたところである。

　国の長期ビジョンを受け、各自治体で2019年度まで５か年の政策目標・施策を策定する地方版総合戦略づくりが進められた。しかし、出生率の将来目標を、２を大きく超えるありえないレベルに設定する自治体が出現するなど、数値に裏付けが乏しく十分な検証が行われていないケースが多く、付け焼刃の感は免れない。

　2016年のOECDの資料によれば、出生率が２程度ある先進国は、ニュージーランド、フランスなどほんのわずか。北欧４カ国でも1.6～1.9程度。多くは世界でも特に高負担の国々である。第二次世界大戦の枢軸国で家族主義的結びつきが比較的強いドイツ、イタリア、日本はいずれ

も1.4。途上国とされる国々でさえ、産業の発展に伴い、かなり下がってきている事実をみておく必要がある。

　女性活躍、男女平等度世界ランク上位常連の北欧スウェーデンは、少子化により一時的に1.5程度まで下落したことで、高負担の福祉国家建設への戦略を進めることになった。高い負担による財政規模、所得制限を極力設けない普遍主義的社会サービス、男女平等主義による働きやすい仕組みづくり。人口減少こそまだ起きていないが、それでも人口増加は期待できなくなってきている。現在の人口増を支えているのは外国からの人材である。

　日本だけをみているのならともかく、比較からみるなら、もはや、頑張ってどうにかなる水準ではない。希望や期待は悪いことではないが、とうてい1.8など目指せるようなものではないという現実をみておく必要がある。我が国の取りうる全国的取組みとしては、増税も視野に財源を作り、子育て支援に関わる可能な施策はすべて行う。年金・医療等高齢者施策のついでではなく、社会政策の中心に位置づける。そして、労働時間短縮、雇用環境の整備を進める。公務員の雇用条件を民間並みにではなく、民間の雇用条件を公務員並みに。女性の働き方を男性に近づけるのではなく、男性の働き方を女性並みに近づけることである。社会保障の充実した北欧やフランスを目指すのか、家族・親族重視の途上国に逆戻りさせるのか、の選択となる。

　自治体レベルでは、女性公務員の積極的採用を含め公務員増で教育・福祉水準を高めることである。公共部門の大きい国の多くは１人当たりGDPが高いという現実を再確認するとともに、地方交付税の財源保障機能を充実させ、地域間格差是正と定住促進を図ることが必要となる。

　生涯未婚率の上昇についての対応としては、市町村による婚活パーティもいいが、家庭を持っても将来不安のない仕組みづくり、ブラックではないしごと環境がまずは重要であり、国、地方での環境づくりが前提となる。

❷ 共生のモデルとして

　2018年のOECD統計によれば、「外国人」が10％以上居住する国は、

30か国中10か国に過ぎないが、総人口に占める「外国生まれ」の人口比率が10％を超える国は30か国中19か国に及ぶ。外国生まれ人口比率が最も高いのは地理的経済的環境から44％のルクセンブルク。続いてスイス、ニュージーランド、オーストラリア、カナダなどが20％を超え、スウェーデン、ノルウェー、アメリカ、ドイツ、イギリス、フランスなどが10％超となっている。統計の定義としては、「外国人」とは居住国でなく出身国の国籍、すなわち外国籍を持つ者。一方、「外国生まれ」は国籍にこだわらない概念なので、外国生まれの数値の方が若干高い国が多い。日本は、外国人が1.6％、外国生まれは2000年の数値となるが1.0％であり、極めて少ない国に位置する。

　積極的な工場誘致を進めてきた岐阜県美濃加茂市の事例を紹介したい。1990年代以降外国人人口は増加し、ピーク時で人口の約11％、リーマンショック以降減少したものの現在も約8％の外国人が暮らしている。ソニー美濃加茂サイトの閉鎖を受けて同市が行った調査によれば、従業員約2,200人のうち、契約更新が危ぶまれる非正規従業員は約8割（1,675人）。うち半数が外国人で、その多くが美濃加茂市在住であった。

　リーマンショックの時は、急な解雇による生活保護の申請や生活困窮の相談が殺到し、その後1,000人以上の外国人が同市を離れた。同市では、経済緊急対策会議の中で、外国人の近況情報収集として教会への聞き取りを決定した。教会はリーマンショックの時にかなりの外国人が寮を追い出され身を寄せた場所で、「今回は少し猶予期間があるが、いずれは寮を出なければならない。その時は教会に行く可能性が高い。リーマンショックの時、みんな牧師さんの話はよく聞き、指示に従って動いてくれた。これは最悪の想定だが、そうなったら教会を通して情報を共有していこうと思う」という。

　美濃加茂市は、2017年4月現在、外国籍を含む56,293人の住民が暮らす。ブラジル人やフィリピン人を中心に外国籍の住民は4,438人、外国人比率7.9％であり、日本の中でも外国人比率が最も高い自治体の1つである。1990年に0.7％、311人であったが、製造業の発展とともに2008年11.2％、6,234人とピークを迎えた後、リーマンショックやソニーの工場閉鎖に伴い減少したが、このところ再び回復基調にある。特

に、ここ数年は出稼ぎから定住へと外国人居住に大きな変化がみられている。現在のところ、市内の人口の伸びは鈍化しているものの、人口は増加傾向にある。外国人を含め比較的若い層が居住しており、20代の約2割が外国人でもある。財政状況は比較的良好である。

　言葉の壁から相互理解がうまく進まないことがある。その点、美濃加茂市が定住者に向けてコミュニケーション、教育、生活支援を進め、総合計画上で、外国人定住率や自治会加入率引上げに向け数値目標を掲げていることは興味深い。自治会や消防団などコミュニティとの関わりを進めていくことで相互理解は深まる。今後は日本語だけでなく彼らの母国語にも敬意を払い、2つの文化を認め合うことが重要である。旧住民と新住民との融合といった課題は、日本全国どこでも見られ、なんら珍しいものではない。政府の「地域における多文化共生推進プラン」から10年が過ぎ、2020年に改訂された。出身地域、年齢、性別に関わらず、お互いを認めあう多様性への取組みが大きく進展することが必要となる。

（出典「揺れる美濃加茂市？　～大手電機メーカー工場閉鎖への対応から見えた多文化共生の姿」名古屋国際センターHP）

３ 社会保障財源への不安と地域

　消費税の税率は、1997年4月から5％（地方消費税含む）、2014年4月に8％となり、2015年10月には10％へ引き上げられることとなっていたが、2017年4月まで1年半延期され、その後さらに2年半延期となり、結局2019年10月からの引き上げとなった。消費税導入時の3％から5％まで8年、5％から8％まで7年、8％から10％までは5年半を費やすことになったのである。

　出生と高齢者関係のデータを税とともに確認してみると、1970年代初めまで2を超えていた合計特殊出生率は、1966年の丙午の年でも1.58あったものが、1990年代に入って1.5を下回るようになり、1997年1.39、2014年1.42、2005年には1.26で最低を記録した。第2次ベビーブームの1973年に209万人あった出生数はその後減少し、丙午の年でも136万人あったものが、現在は80万人程度。その影響もあって、

高齢化（総人口に占める65歳以上人口）率は、1997年10月に16.7%、2021年9月に29.1%へと12.4ポイント増、高齢者（65歳以上）人口は1,976万人から3,640万人へ約1,600万人増加した。1997年度の社会保障給付費は69兆円で、国民所得比17.8%、2019年度の社会保障給付費は124兆円、国民所得比で31.87%となっているから、55兆円もの支出増となっているが、消費税は10兆円から19兆円規模になったのみ。所得税や法人税に至っては、1997年の収入水準をむしろ下回っている。国債残高は、1997年度末に260兆から2014年度末に740兆、2016年度末に840兆円規模となり、ついに2022年度末は1,000兆円を超える見込みとなってしまった。

　2度にわたる増税延期で社会保障充実策の多くは先送りを余儀なくされているが、なんとか、無年金者の救済策となる年金受け取りに必要な加入期間を25年から10年に短縮する改正年金機能強化法は成立した。消費税10%への引き上げ時とされていた施行時期は前倒しされ、新たに64万人が年金支給対象となった。日銀の異次元緩和をもってしても、十分な経済成果、2%のインフレ目標到達の実現は厳しい道のりであった。東京オリンピック後の今なすべきことは、短期的な自然増収への期待ではなく、長期的な財源の再確認と増税アレルギーの払拭である。オリンピック後は、1964年のオリンピック後のように経済状況が不透明であり、将来より不安が高まってしまうかもしれない。オリンピック、国際博覧会、IR……。イベント経済からの脱却が必要である。

　税金が安ければ経済が回り、日本国民だけの国は問題が少ない。この単純な解釈では、移民問題、EUという国を超えた機関に属することによる問題、そして高い税負担の中にある北欧の1人当たりGDPが日本を上回るという事実の説明がつかないのである。幅広い視野から様々な議論が自治体内で進められ、住民協働が進められることが必要となる。

　人口増加の可能性は極めて厳しいと考えた場合、今後の対応は、できることをすべて実施した上で、あとは2つしかない。海外から人を入れるか入れないか。国内の議論が必要である。

　入れない場合は高齢化が進み、静かに小さくなっていくことを選ぶ。高齢化率の高まった国としてどのように幸せなまちづくりを目指すか、

が課題となる。入れる場合は、どのような形で入っていただくか。現在日本に住んでいる者とこれから入ってきていただく者がお互い幸せになる方法を考える。共生の道である。郷に入れば郷に従えなどといっていると、頼んでも来てくれない国になってしまう可能性すらある。

　家族支援策と女性活躍により出生率が増加に転じ、人口増を維持しているスウェーデンでも、2014年に、全290自治体のうち40自治体は人口減少である。また、移民の流入がなければ人口減少自治体は過疎地域や工業地域など168自治体に及び、移民を計算に入れなくても人口増がみられるのは都市部のみとなる。スウェーデンの地方財政調整制度では、個人・家族福祉、高齢者福祉、義務教育・保育の分野における需要算定の際、北欧やEU以外の出身者、19歳までの移民子弟、彼らに対する母国語教育のコスト、ひとり親の子ども、などが測定単位として考慮されている。このあたりは、全国的課題である。

Ⅱ
ふるさと納税の現状と今後

▶ 1 ふるさと納税の概要 ◀

　ふるさと納税とは、任意の地方自治体に対して寄附を行った際、寄附金額のうち2,000円を超える部分が、一定限度まで所得税と住民税から控除（減税措置）されるものである。

　ふるさと納税は、2006年に西川一誠福井県知事（当時）が日本経済新聞に寄稿した記事（「故郷寄付金控除」制度）がきっかけとなり、総務省において「ふるさと納税研究会」が創設されたのが検討のはじまりである。その後、2008年度の税制改正大綱に盛り込まれ、地方税法等の一部を改正するかたちで導入さることになった。「ふるさと納税研究会報告書」によれば、ふるさと納税の意義は次のように示すことができる。

　第一に、納税者の選択である。納税者が自分の意思で、納税対象を選択することにより、納税者はあらためて、税というものの意味と意義を考えることになり、国民にとって税を自分のこととして考え、納税の大切さを自覚する貴重な機会となる。

　第二は、「ふるさと」の大切さである。「ふるさと納税」を通じて多くの人々は、育ててくれた「ふるさと」の恩に感謝する本来の人間性への回帰の貴重な契機となる。また、「ふるさと」を出生地や過去の居住地に限定しないことで、「二地域居住」を行っている地域に貢献したいと考える人、ボランティア活動などを通じて縁のできた地域などを応援したいと考える人にとっても、自分が応援する地域に貢献したいという真摯な思いを実現することが可能になる。

　第三に、自治意識の進化である。「ふるさと納税」が実現すれば、「納税」を受けたい全国各地の地方団体がその魅力をおおいにアピールする必要

が出てくる。この切磋琢磨は、「ふるさと」の地方団体と住民に、納税をしてもらうに相応しい地域のあり方をあらためて考えてもらう貴重な機会となるだろう。地方自治体にとって、自らの自治のあり方を問い、進化させる重要な契機になるはずである。

　さらに、「ふるさと納税」によって、納税者と地方自治体の間にいわば「相互に高め合う」新しい関係が生まれることが期待されている。

　ふるさと納税は、既存の寄附金税制を応用する方式が採られている。また、2つ目の意義からもわかるように、「ふるさと」の概念は各納税者に委ねられているため、納税者が寄附できる自治体に制限はない。なお、寄附金の控除対象額の上限は、所得税では総所得金額の40％、個人住民税（基本分）では総所得金額の30％、個人住民税（特例分）では所得割額の20％とされている。

　納税額の計算は図表Ⅱ-1を参照。

図表Ⅱ-1　ふるさと納税額の計算

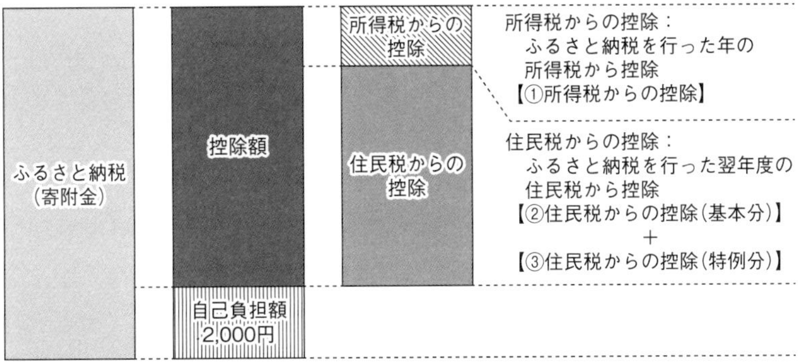

①所得税からの控除＝（ふるさと納税額－2,000円）×「所得税の税率」
②住民税からの控除（基本分）＝（ふるさと納税額－2,000円）×10％
③住民税からの控除（特例分）＝
　　　　　　（ふるさと納税額－2,000円）×（100％－10％（基本分）－所得税の税率）
　なお③で計算した場合の特例分が住民税所得割額の2割を超える場合は
③' 住民税からの控除（特例分）＝（住民税所得割額）×20％
出所：総務省資料。

▶ 2 ふるさと納税の現状と変遷 ◀

1 ふるさと納税の現状

　図表Ⅱ-2は、2008年度（導入時）から2019年度までのふるさと納税の納税受入額（以下、「寄附金額」という）と受入件数の推移をあらわしたものである。

　ふるさと納税の寄附金額は、導入当初の81億円から2014年度には389億円まで増加し、2015年度からは1,653億円を超え、2018年度には5,127億円に達した。2019年度は減少したものの2020年度は過去最大の6,725億円となっており、これは2008年度の約84倍の金額である。受入件数は、2009年度から2012年度まで前年比約20％増で推移し、2014年度は191万件を超え、2015年度は2014年度の約3.8倍の726万件、2018年度には2,322万件、2020年度は3,489万件まで増加している。

　このように、ふるさと納税の規模は導入当初から年々増加しており、特に、2015年度頃からの急増の背景には、次の要因が考えられる。

　まず、2012年頃から寄附に伴う返礼品の事務手続きを代行するインターネットサイト事業者があらわれたことがあげられる。導入当初は一部の自治体が行っていた返礼品の仕組みは、そうした事業者の介入により、多くの自治体で取り入れられていった。

　寄附を希望する者にとっては、インターネットサイトから返礼品を簡単に検索することができ、支払い（寄附）もクレジットカードで決済できるため、あたかもインターネット通販のような感覚でふるさと納税を利用できるようになった。

　また、2015年度の税制改正による次の2つの制度的な拡充の影響も大きい。

　1つ目は、ふるさと納税に係る特例控除額の個人住民税所得割の上限を10％から20％に引き上げたことである。これにより、2,000円という自己負担分は変わらずに控除できる額が約2倍になった。

　2つ目は、確定申告が不要な給与所得者等について、ふるさと納税先団体が少ない場合に限り、ふるさと納税先団体へ寄附する際に申請することで、確定申告をすることなく個人住民税の寄附金控除がワンストッ

図表Ⅱ-2　ふるさと納税の寄附金額と受入件数の推移

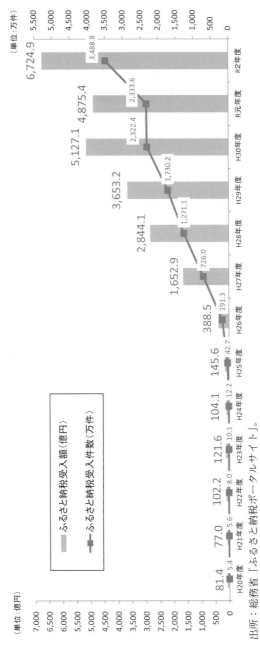

出所：総務省「ふるさと納税ポータルサイト」。

プで受けられる特例的な仕組み「ワンストップ特例制度」が創設された
ことである。

　インターネットサイト事業者の参入、返礼品の充実と制度的な変更に
よる利便性の向上、加えてテレビCM等による国民への周知によって、
ふるさとの納税の利用者は増大していった。

　なお、図表Ⅱ-3は、2020年度ふるさと納税の寄附金額上位団体の一
覧である。

図表Ⅱ-3　2020年度寄附金額上位20団体

（単位：百万円、件）

団体名		受入額	受入件数
宮　崎　県	都　城　市	13,525	603,807
北　海　道	紋　別　市	13,393	867,064
北　海　道	根　室　市	12,546	723,336
北　海　道	白　糠　町	9,737	658,624
宮　崎　県	都　農　町	8,268	416,028
山　梨　県	富士吉田市	5,831	232,917
山　形　県	寒河江市	5,676	266,601
兵　庫　県	洲　本　市	5,398	347,339
兵　庫　県	加　西　市	5,338	128,444
静　岡　県	焼　津　市	5,218	261,365
鹿児島県	志布志市	5,113	217,136
鹿児島県	大　崎　町	4,981	350,189
新　潟　県	蒸　　　市	4,902	158,175
岐　阜　県	関　　　市	4,892	187,886
佐　賀　県	上　峰　町	4,442	244,735
佐　賀　県	唐　津　市	4,407	283,626
福　岡　県	飯　塚　市	4,377	376,968
鹿児島県	南さつま市	4,301	240,247
和歌山県	有　田　市	4,098	327,754
北　海　道	弟子屈町	3,971	225,066

出所：総務省「ふるさと納税ポータルサイト」。

2 返礼品競争と規制

　ふるさと納税の寄附金額が増大するにつれて、2015年度頃から自治体間での返礼品競争の問題が顕わになっていく。各自治体が、寄附金額に対する返礼品の調達費用の割合（以下、「返礼割合」という）が高い返礼を提供することで、より多くの寄附を獲得しようとする競争が過熱していったのである。

　こうした状況に対応するため、総務省は2015年度から複数回、返礼品等の送付に関する「通知」（「助言に従わなかったことを理由とする不利益な取扱いの禁止」を前提とする技術的助言）を発出した。各通知の主な内容は次の通りである。

①2015年４月１日　返礼品（特産品）送付への対応についての総務大臣通知

　「返礼品（特産品）の価格」や「返礼品（特産品）の価格の割合」（寄附額の何％相当など）を表示してはならないことが明記された。

②2016年４月１日　返礼品（特産品）送付への対応についての総務大臣通知

　返礼品として送付してはならない換金性の高いものとして具体的に金銭類似性の高いもの（プリペイドカード、商品券、電子マネー・ポイント・マイル、通信料金等）や資産性の高いもの（電気・電子機器、貴金属、ゴルフ用品、自転車等）が提示された。

③2017年４月１日　ふるさと納税に係る返礼品の送付等についての総務大臣通知

　資産性の高いものとして宝飾品、時計、カメラ、楽器等が追加されるとともに、返礼品の返礼割合を３割以下にすること、当該自治体の住民に対し返礼品を送付しないようにすることが明記された。

④2018年４月１日　ふるさと納税に係る返礼品の送付等についての総務大臣通知

　クラウドファンディング型のふるさと納税を活用した取組みを推奨する一方、送付する返礼品は、地方自治体の区域内で生産されたものや提供されるサービスとすることが適切であることが明記された。

　ただし、総務省「ふるさと納税に係る返礼品の見直し状況についての調査結果」をみると、2018年12月末の時点で返礼割合が実質３割超の返礼品を送付している自治体が52団体、地場産品以外の返礼品を送付している自治体が100団体存在していた。図表Ⅱ-4は、2017年度と2018年度の寄附金額上位10団体である。１位の大阪府泉佐野市は、当時のインターネットサイトにおいて還元率100％超えの返礼品としてコシヒカリお米セット、高級ブランド牛A5等級しゃぶしゃぶ用などを大々的に宣伝していた。また、先の総務省の調査結果によると、静岡県小山町、和歌山県高野町、佐賀県みやき町、北海道森町なども返礼割合が３割を超える自治体であった。

図表Ⅱ-4　寄附金上位10団体（2017〜18年度）

（単位：百万円）

2017年度			2018年度		
自治体名		寄附金額	自治体名		寄附金額
大 阪 府	泉佐野市	13,533	大 阪 府	泉佐野市	49,753
宮 崎 県	都 農 町	7,915	静 岡 県	小 山 町	25,063
宮 崎 県	都 城 市	7,474	和歌山県	高 野 町	19,637
佐 賀 県	みやき町	7,224	佐 賀 県	みやき町	16,834
佐 賀 県	上 峰 町	6,672	宮 崎 県	都 農 町	9,627
和歌山県	湯 浅 町	4,951	宮 崎 県	都 城 市	9,562
佐 賀 県	唐 津 市	4,389	大 阪 府	熊 取 町	7,640
北 海 道	根 室 市	3,973	茨 城 県	境 　 町	6,083
高 知 県	菜半利町	3,906	北 海 道	森 　 町	5,909
静 岡 県	藤 枝 市	3,708	茨 城 県	上 峰 町	5,318

出所：総務省「ふるさと納税ポータルサイト」。

　通知の効果が限定的であることから、政府は政策手段を誘因から直接規制に切り替えた。それが、ふるさと納税に係る指定制度（以下、「指定制度」という）である。2019年３月に地方税法を改正し、ふるさと納税の対象自治体となるためには、総務大臣が定める「基準」を満たすことで総務大臣の指定を受けなければならないこととした。「基準」の

具体的な内容は以下の通りである。
　①全ての地方自治体に対する基準
　　・ふるさと納税の募集を適正に実施すること
　②返礼品の送付を行う地方自治体に対する追加の基準
　　・返礼品は返礼割合３割以下とすること
　　・返礼品は地場産品とすること
　なお、①の基準には、特定の者への利益供与や過度な宣伝広告などは行わず、ふるさと納税に係る経費総額を５割以下とすることが含まれている。
　総務省は、2018年11月から2019年３月までの返礼品の状況を調査し、1,740の自治体をふるさと納税対象自治体として指定するとともに、「基準」を満たさず返礼品で多額の寄附金を集めた自治体として、大阪府泉佐野市、静岡県小山町、和歌山県高野町、佐賀県みやき町の４市町を指定から除外した。その後、泉佐野市が、総務大臣に対して「不指定の取り消し」を求めて提訴したことは周知の通りである。（2020年６月30日の最高裁判決で泉佐野市の主張が認められている）。

３　ふるさと納税の課題

　自治体間での過度な返礼品競争の問題は、指定制度の導入により、解消されたとみてよいだろう。ただし、ふるさと納税には、従来から以下の点も課題として指摘されている。

①課税原則上の問題

　地方税は、居住する自治体からの行政サービスの受益に応じて税を負担すること（以下、「応益原則」という）を原則としているが、ふるさと納税は、この原則を歪めるという指摘がある。
　すなわち、居住自治体から行政サービスを受益しているにもかかわらず、税額控除によって税負担を回避することは、応益原則を崩すことになる。
　ふるさと納税研究会では、この論点について「子どもや高齢者の世代が地方の豊かな環境の中で多くの行政サービスを受けて生活している一

方で、税は、働き盛りの世代が数多く移り住んだ地方圏出身の大都市圏居住者が、大都市圏に支払われるというギャップが生まれているとの現状認識に基づき、生涯を通じた行政サービスと税負担をバランスさせる考え方をとるべき」という、いわゆるライフサイクル・バランスの視点が示されている。

　たしかに、個人が担税力を有する時点で、地方税を納めるだけでは生涯を通じた受益と負担のバランスはとれない。しかしながら、応益原則に従う地方税は、現時点での行政サービスを賄うことを目的として徴収されるものであるため、負担も現時点での行政サービスに対応するものでなくてはならない。加えて、ふるさと納税は、縁もゆかりもない自治体に寄附することができるため、ライフサイクル・バランスの視点においても疑問が残る。

②逆再分配の問題

　ふるさと納税による寄附金の控除対象額の上限が所得比例である限り、高所得者ほど返礼品を通じた利得が大きくなるため逆再分配（ないしは逆進性）が生じる、という指摘がある。

　また、租税制度における各種の控除は租税支出（タックス・エクスペンディチャー）と呼ばれる「隠れた補助金」という側面をもつため、高所得者ほどこの恩恵が大きくなるという典型例に他ならない。

　高所得者の税額控除によって税収減となった自治体が、地方債を発行することで減収分を補填した場合には、高所得者の利得を政府が借金によって分配したとみることもできる。

③その他の問題点

　問題点としては以上のような指摘の他に、政府の財政負担（減収分を交付税措置すること）によって社会的損失が生じている点や、租税競争や支出競争の概念を用いてふるさと納税が引き起こす自治体間競争を指摘する意見がある。

　また、返礼品を目的とする寄附者は財政需要を考慮しないため、規模が小さい自治体に多額の寄附が集まった場合には、住民のニーズを超え

た、過剰な行政サービスが提供されるおそれがある。こうした事態を避ける方法として、金額と使途を限定して寄附を募るクラウドファンディング型が想定できる。クラウドファンディング型のふるさと納税については総務省も推奨しており、2018年度から「ふるさと起業家支援プロジェクト」、「ふるさと移住交流推進プロジェクト」を開始した。これは、自治体がふるさと納税を活用して起業家支援や移住促進事業を行う場合に、特別交付税措置を受けられるというものである。

　ただし、使途の指定が可能な形態で寄附を募ることは、住民ではない寄附者が当該自治体の行政サービスの意思決定に関わることになるため、地域の政治や行政を地域住民の意思に基づいて処理する、いわゆる「住民自治」を蔑ろにする可能性がある。

　さらに、寄附の指定先としての事業の選択肢が広がるほど、政策の優先順位は高所得者（高額寄附者）の意思を反映したものになりかねない。

▶ 3 ふるさと納税の今後 ◀

　ふるさと納税は前述のように、未だ多くの問題をかかえながらも寄附額は年々増え続け、2020年度には6千億円を超えている。

　寄附金額が増大するにつれて、寄附金額より控除額が多いために財政的にマイナスの影響が出始めている自治体も多くなってきている。こうした状況は都市部でみられ、ふるさと納税活況の陰で、特に、大都市においては不満が大きくなっている。もっとも、地方交付税の交付団体は、ふるさと納税による流出分（＝控除額－寄附金額）の75％を交付税によって穴埋めされるため、実質的に自治体自らが補う必要があるのは、流出分の25％程度となる。ただし、不交付団体においては、流出分の全額が減収となるため、その影響は大きい。

　東京都特別区（特に世田谷区や港区）の他に、神奈川県横浜市、神奈川県川崎市、愛知県名古屋市などは、控除額が寄附金額を上回る状況が続いている。

　2020年8月には、特別区長会会長名で、ふるさと納税による区民税

の減収額が看過できない状況であるとする緊急共同声明が発出された。この共同声明文では、①住民税控除額の上限の引き下げ、②寄附金額の地方交付税の基準財政収入額への算入、③不交付団体に対する減収分の特例交付金による補てん等を要請している。

　ふるさと納税は導入から10年以上経過し、ある程度定着してしまった。引き続き制度を維持するのであれば、前節で示した課題に対する継続的な検討が必要であり、財政へのマイナスの影響については、早急な対応が求められる。

Ⅲ
地方自治体の危機対応：自然災害と感染症の危機

▶ 1　迫りくる危機 ◀

　天災は忘れた頃にやってきた。新型コロナウイルス感染症（Covid-19。以下コロナ感染症）の危機は、ほぼ1世紀前のスペイン風邪が世界で猛威を振るったことを想起させたであろう。現代に同じようなパンデミックが起こるとは予想だにしなかった。また近年、温暖化により巨大化している自然災害も迫りくる危機である。これらの危機はいずれも人類が引き起こしてきた危機である。

　危機（crisis）とは、「大変なことになるかも知れないあやうい時や場合、危険な状態」（広辞苑）である。危機が現実のものとなって迫っている。危機の発生時あるいは発生が予見されるとき、住民の安全・安心を確保するのは地方自治体であり、その責務は大きい。自然災害とコロナ感染症の危機に地方自治体はどう対応してきたか（すべきか）考えてみたい。

▶ 2　地球温暖化による危機と自治体 ◀

■1 地球温暖化への取組み

　近年、地球温暖化が主因として考えられている巨大化する自然災害は、過去に例がない規模の災害が各国で発生している。地球は温暖化していないという論者もいるが（例えば、深井有『地球はもう温暖化していない』平凡社新書、2015年）、1988年に国連の下に学術的な専門機関として設置された気候変動に関する政府間パネル（IPCC）は、産業革命以降の世界の平均気温は＋1.5℃〜＋2.0℃上昇し、その主因は二酸化炭素による温室効果ガスであるとの報告書を公表した。世界の最先端の科

学者がまとめたのであるからそうであろう。気象庁の説明でも、現在の地球は過去1,400年で最も暖かくなっており、地球温暖化は異常高温（熱波）や大雨・干ばつの増加などの気候の変化を引き起こして生物活動の変化、水資源や農作物への影響など自然生態系や人間社会に現れているとしている。地球は温暖化していると信じてよいであろう。

　こうした地球温暖化の問題に対して、国連は1994年に地球温暖化を防ぐための条約を発効し、気候変動枠組条約締約国会議（COP）を毎年開催して温暖化阻止に向けて取組んでいる。1997年に京都で開催されたCOP3では、温室効果ガスの削減目標を初めて定めた「京都議定書」が採択された。また京都議定書を引継いだCOP21では「パリ協定」が約200ヵ国の合意で2015年に採択され、2020年以降の地球温暖化対策の国際的な枠組みについて、世界の平均気温上昇を産業革命前と比較して1.5℃に抑えることを目標として定め、今世紀後半に世界全体の温室効果ガス排出量を実質的にゼロにする脱炭素社会を目指すこととされ、途上国に必要な資金・技術などの支援を強化することなども盛り込まれた。以降、今日まで、COPは締約国の持ち回りで毎年首脳が集まって開催されており、2021年のCOP26は英国グラスゴーで開催され、気候変動への取組みのさらなる強化や途上国への資金援助などが決められた。

　地球温暖化対策は国連を中心に協調して進められているが、先進国と途上国の対立や先進国でも政治的な思惑などで足並みは必ずしも揃っていない。わが国でも2009年9月に、当時の鳩山首相が国連で2020年までに1990年比で二酸化炭素の排出を25％削減するとした画期的な目標を表明したが、産業界の反発などもあり、その後の安倍政権で見直された。政府の地球温暖化に関する取組みは、京都議定書を受けて地球温暖化対策推進法が1998年に成立し、温室効果ガスの排出量を削減するため国・自治体・事業者（企業）・国民の責任と取組みが定められた。その後、京都議定書の実施を総合的に推進するため内閣に地球温暖化対策推進本部が2005年に設置されている。

　現在、わが国では2021年6月に「2050年カーボンニュートラルに伴うグリーン成長戦略」を閣議決定し、2050年に約290兆円の経済効果、

約1,800万人の雇用効果を見込んで取組んでいる。しかし政府が進める「成長と脱炭素の両立」の内容は楽観的であり、コストの内容もより明確にする必要性が指摘されている（日経新聞2021年10月13日朝刊）。

② 災害危機への自治体の取組み

　わが国は地理上から自然災害が多い国である。過去を振り返っても地震から風水害まで多くの災害に見舞われ、その都度多くの犠牲者を出している。これに温暖化による更なる大規模な自然災害が発生しているのであるから、災害危機対応は喫緊の最優先課題である。防災・減災はインフラ等の公共施設の整備が欠かせないが、それらの多くは1970~80年代に整備してきたため、耐用年数が迫り2030年代にその半分以上が更新時期を迎える状況にある。

　そうした中で、2011年3月に東日本大震災が発生したことで、大規模災害への備えが現実のものとして迫られた。また2012年12月に、中央道笹子トンネル天井版崩落による悲惨な事故が起こり、老朽化対策が急務となった。政府は早々に、首都直下や南海トラフなどの大規模地震、津波・台風など局地的豪雨などのほか、老朽化したインフラ事故などに備えるために、国の支援体制などを盛り込んだ国土強靭化基本法を2013年に制定した。また翌年には「国土強靭化基本計画」を閣議決定して、都道府県・市町村に「国土強靭化地域計画」の策定を求めてインフラ等の整備を進めてきた。ここでは計画に「強靭化」の用語を使い、大規模自然災害に対しレジリエンスのある（強くしなやかな）社会の構築を目指した。

　インフラ等を管轄する国土交通省も2013年に「インフラ長寿命基本計画」を公表した。ここではインフラ等の戦略的な維持管理・更新等を進めて将来の目指すべき姿を示し、その達成に向けたロードマップを明らかにした。各自治体は「公共施設管理計画」を作成し、公共構築物、道路、河川等の個別施設ごとに個別施設計画を作り、計画的な維持管理が求められた。最近では2020年に「防災・減災、国土強靭化のための5か年加速化対策」が閣議決定され、5年で総額15兆円（うち国交省9.4兆円）の事業規模で集中的に整備するとして措置された。

　また総務省は2014年に地方自治体に「公共施設等総合管理計画」の策定を要請し、計画に基づく公共施設の複合化、集約化、長寿命化等の推進を進めてきた。ほとんどの自治体で同計画が作成され、公共施設マネジメントの考えに基づいて国の政策と整合性をとりつつ計画的な取組みで財政負担の平準化、軽減が進められてきた。公共施設マネジメントでは、公共施設等の管理については長期的視点で老朽化対策の推進、適切な維持管理・修繕の実施、トータルコストの縮減・平準化を進め、また関連するまちづくりはPFI／PPPを活用し、将来を見据えて議会、住民と情報及び現状認識の共有を図ることとされた。

　各関係省庁でインフラ等の公共施設の整備計画が公表され、集中的に国土強靭化が進められてきた。しかし実際には、公共施設整備の計画は作成しても財政的な制約で計画通りには整備が進んでいないのが実状である。そして今後は、感染症対策の財政支出による影響が懸念されている。

3 国の支援と自治体の限界

　インフラ等の整備は人命にも関わり喫緊の事業であることは誰も認識しているが、地方財政には使える財源が限られているのが現状である。インフラ等の工事費は普通建設事業費で支出される。1990年代の初めは地方財政全体で普通建設事業費は30兆円を超えていたが、2000年頃より減少し、2010年代に入ると12兆円前後まで減少した。他方、社会保障関係の扶助費は1990年代の初めに4兆円ほどであったものが2010年代には14兆円台に膨れ、普通建設事業費を上回るようになった。その後も両経費は一方が下降し、他方が上昇し続け、いわゆる「ワニの口」を形成してきた。土建国家から福祉国家となったわけである。

　地方財政の社会保障関係の扶助費の内訳を2019年度決算でみると、扶助費の決算額は14.9兆円で前年度比4.5％増、19年連続で増加し、歳出総額の15.0％を占めている。扶助費の目的別の内訳では、児童福祉費が6.6兆円（44.0％）で最も大きな割合を占め、次に生活保護費が3.6兆円（同24.3％）、社会福祉費が3.6兆円（同23.9％）などである。最近は児童福祉費が少子化対策で大きく伸びているが、コロナ禍で生活保

護費の伸びも今後予想される。

　これに対して普通建設事業費を含む投資的経費の2019年度決算をみると、投資的経費の決算額は16.4兆円で前年度比3.9％増、歳出総額の16.5％を占めている。投資的経費の内訳は、普通建設事業費は15.4兆円（投資的経費に占める割合93.9％）、災害復旧事業費は1.0兆（同6.1％）、失業対策事業費は0.2億円（同0.0％）である。普通建設事業費は2012年度に12兆円台まで減少しその後15兆円台まで増加してきたが、扶助費の最近の伸びをみると開きは大きくなるばかりである。

　地方財政は恒常的に財源不足が生じている。財源不足は毎年度、国の財政措置（地方交付税の増額等と地方債の増発）で補われている。2021年度の財源不足は10兆円を超え、地方財政計画総額89兆円の11％にも達している。また富裕団体とされる地方交付税の不交付団体の数は、2019年度で東京都下や愛知県内など限られた76団体であり、全市町村のうちわずか４％である。自主的な財源をもたない自治体では、市民に応える細かなインフラ等の整備は進まない。コロナ禍でさらに厳しい財政運営が強いられる中、巨大化する自然災害にどう市民の安全・安心を確保するのか、難しいかじ取りが強いられている。

▶ 3 感染症による危機と自治体 ◀

1 感染症によるパンデミックの危機：スペイン風邪とコロナ感染症

　人類とウイルスとの関係は、約１万年前に人類が定住する頃から始まったとの説がある（山本太郎『感染症と文明』岩波新書、2011年）。このことからすると、感染症の危機は人為的な行為に起因していると考えられ、人災である。2019年末に中国の武漢から広まったとされるコロナ感染症も真偽は定かではないが、コウモリを捕食して発症したとされる。武漢で発症した当初、公表されなかったことでコロナ感染症は瞬く間に世界に広まった。世界保健機構（WHO）は2020年３月11日にパンデミック（世界的大流行）を宣言した。コロナ感染症の最初の発症から２年半が経過した2022年央において、ウイルスは変異を繰り返し

ながら終息には至っていない。世界で感染者数は6億人を超え、死者は650万人に上っている（2022年9月末）。ウイルスによる感染症の危機はこれまでにも何度も経験してきたが、コロナ感染症は人口膨張の中で高速で大量の人が移動する状況で発症したため短時間で多くの人が罹り、歴史的にも世界的なパンデミックとなった。過去のパンデミックで参考になるのは、約100年前のスペイン風邪（スパニッシュ・インフルエンザ）であろう。当時の状況は内務省衛生局が編集した「流行性感冒」に詳しいので参考にしながらまとめてみた（原本は内務省衛生局編『流行性感冒』（1922年）。翻訳本として『流行性感冒―「スペイン風邪」大流行の記録』（東洋文庫778、平凡社2008年）がある。なお原本は次から入手できる：https://dl.ndl.go.jp/info:ndljp/pid/985202）。

　スペイン風邪は約100年前に世界で猛威を振るい、わが国でも多くの犠牲者を出した。スペイン風邪がもたらされた感染経路は、横須賀などに入港した軍艦の乗組員が海外から持ち込んだものと分析されている。感染は都市部で人流が密であったので急速に広まり、徐々に地方へと拡散していった。今回と同じことが起こっていた。感染者数の推移をみると、1918年8月から1年後の1919年8月までが第1波で感染者は2,117万人、死者は26万人が記録された。感染者は実に人口の38％、3人に1人が感染したことになる。死者も今回から比べて比較にならないほどの犠牲者がでていた。その後、1919年10月から1920年7月までの第2波は感染者は大幅に減少しているが、死者は依然として多い。さらに1920年8月から1921年7月までの1年を第3波として記録したが、感染者、死者ともに少なく、この後に終息したとまとめられている。

　発症から終息まで約3年に及んだスペイン風邪は、感染者の合計は2,380万人（人口比42％）、死者は39万人（同0.7％）であった。今回のコロナ感染症は発生から約2年半が経過した2022年6月時点で、感染者は931.6万人（人口比7.3％）、死者は3.1万人（同0.0％）であり、スペイン風邪と比較してこれまでは感染者、死者とも極めて少ない。しかしコロナ感染症はまだ終息したわけではなく、感染力の強い変異株等の広がり次第では感染者等が増えることも予想され、危機はまだ現時点では去っていない。（図表Ⅲ-1参照）

図表Ⅲ-1　日本のスペイン風邪と新型コロナウイルス感染症の状況

スペイン風邪

	感染者（人）	人口比（%）	死者（人）	人口比（%）
第1波 （1918. 8－1919. 8）	21,168,398	37.8	257,363	0.5
第2波 （1919. 10－1920. 7）	2,412,097	4.3	127,666	0.2
第3波 （1920. 8－1921. 7）	224,178	0.4	3,698	0.0
累　　　計	23,804,673	42.5	388,727	0.7

新型コロナウイルス感染症

累計 （2020. 1－2022. 7. 15）	10,102,454	7.9	30,561	0.0

注：1920年の人口は55,963千人。2021年は127,000千人。
出所：スペイン風邪のデータは内務省衛生局『流行性感冒』104ページ。

　感染者の把握については、今日では検査やワクチン接種などは保健所や自治体をとおして行われ、感染者数も日々正確に集計されている。スペイン風邪当時は感染者の集計は当時の記録によると、各地の警察署が地域の駐在所からの報告をまとめていたとある。警察署が集計に当たったのは、『流行性感冒』をまとめたのが内務省であり、警察署は内務省の管轄であったからとされる。警察署は、地域の駐在所からの報告をまとめて収集したものを電信で日々内務省に報告していた。また感染者の広がりについては、府県を中心に自治体も感染状況を把握してデータを集めていたため都市部から地方への感染の広がりも記録されていた。したがって感染状況については信頼できるデータであったと推測されるが、当時は第一次世界大戦に参戦するなど軍事関係は機密とされ、情報はえられていなかった。

　1世紀前のパンデミックと今日社会は、確かに環境衛生等が大きく改善しワクチンの開発も進んで犠牲者も抑えられているが、スペイン風邪当時の状況を振り返ると、わが国でもすでにワクチンの研究が進められ患者に投与されていた。もちろん当時のワクチンの有効性は治験結果からは確認できなかったのであるが、マスクの有効な構造と装着方法が紹

介され、予防宣伝のポスター「汽車電車人の中ではマスクせよ／外出の後はうがい忘るな」が配布され、流行予防の標語として「１，近寄るな、２，鼻口を覆へ、３，予防注射を、４，うがいせよ」が貼られ、今日と同じ密を避けてマスクを着用しうがいを推奨していた（図表Ⅲ-2）。時代が変わっても感染症対策の基本は変わっていないことが窺える。

図表Ⅲ-2　政府のスペイン風邪予防啓発ポスター

出所：内閣府衛生局『流行性感冒』150ページ、131ページ。

2 エンデミックの模索と地方自治体の役割

　さて、コロナ感染症のパンデミックがほぼ２年半を経過した時点（2022年６月）で、世界の感染者数は各国では再び増加に転じているところもあるが、重症化率や死者数が低いことなどから、コロナとの共存—ウイズコロナ—のエンデミック（一定地域で普段から継続的に発生する状態）に移りつつある。欧米などでウイルスがオミクロン株に変わって感染者数が過去最大となっても、重症者数が以前ほどではないなどの状況を見極めながら、ロックダウンなど大規模な規制は以前ほど行ってはいない。イギリスで当時のジョンソン首相は2022年１月に１日の感染者が20万人を超えて過去最大を記録したが、重症化比率が低いこと

などから行動制限などの規制は行わないことを公表した。経済をこれ以
上停滞させずに回復軌道に乗せてコロナ後の政策を進める上では、医療
の逼迫状況をみながらエンデミックを想定した措置であった。

　今後のコロナ感染症を見通すのは難しいが、2022年初で多くは1年
以内の終息を予測していた。WHOの専門家は2022年末までにウイル
スを制御し重症者と死者を大幅に減らせるとし、この根拠を世界人口の
ワクチン接種率が7割になることを上げていた。人々に自然免疫ができ
てワクチン接種が進めば感染が収まることは、スペイン風邪でも当時の
専門家が述べていた。そのためゼロコロナを厳格なロックダウンで実施
した中国などでは、自然免疫がえられていないためウイルスが広がれば
感染者は再び増加すると指摘していた。また多くの専門家は2021年末
時点で、デルタ株が最後の大規模な感染局面とみていた。米国のFDA
の専門家もパンデミックからエンデミックの局面に移ろうとしていると
述べていた。一方でコロナ感染症は消滅することはなく、インフルエン
ザのように季節性の呼吸器疾患を発症させるウイルスとして生き残る
が、再びパンデミックを引き起こすことはないとの見解もみられた。ま
たウイルスは変異を繰り返しワクチン開発は続ける必要があるとの警告
もあった。

　スペイン風邪の経験から見通すなら、コロナ感染症も3年目の2022
年中には終息に向かってもらいたい。その際には、自治体のコロナ禍後
の対応も検討しておかなければならない。危機モードで感染症対策に当
たってきた自治体だが、非日常がコロナ後でもしばらくは日常化するこ
とが予想される。コロナ感染症の恐怖は容易には払拭できない。季節性
インフルエンザが今後に猛威を振るう懸念もある。とくに高齢者や乳幼
児には感染症に絶えず配慮した行政サービスが求められる。当面はエッ
センシャルワーカー（生活に不可欠の事業の継続が求められる事業者）
の確保も継続する必要がある。危機が日常と隣り合わせにあることを意
識した対応をせざるをえないであろう。

▶ **4 政府の危機対応・国と自治体の検証** ◀

■1 コロナ危機への国の予算措置・基金の問題

　コロナ感染症の国と自治体の対応について、過去最大規模で実施された財政支出の問題をまとめてみたい。

　コロナ感染症対策が始まった2019年度からの予算（一般会計当初予算＋補正予算）をみよう（図表Ⅲ-3）。一般会計当初予算は、社会保障関係費の伸びもあり、過去10年ほど最大規模を計上してきた。2020年度予算は、重なる緊急事態宣言もあり、コロナ対策と経済対策を盛り込んだ3次の補正予算を含めて、175.7兆円の過去最大規模となった。同時に赤字国債86.0兆円を含む国債が108.6兆円も発行された。2021年度予算も、コロナ対策の補正予算を含めて142.6兆円が計上された。2022年度は、今後の感染状況によっては財政出動もありえるのであろうが、岸田政権は2021年11月に"コロナ克服"と"新しい資本主義"を掲げて財政支出55.7兆円（事業規模78.9兆円）の最大規模の経済対策を閣議決定し、2021年度補正予算と2022年度予算の16か月予算に盛り込んだ。内容はコロナ対策関連の事業費31.3兆円、"新しい資本主義"に19.8兆円、インフラ等の整備に4.6兆円であり、補正予算36.0兆円のうち経済対策の分が31.6兆円含まれていた。しかし最大規模の経済対策として"新しい資本主義"を掲げているものの、新規性や実効性に欠けるなど批判的な評価もみられた（東京新聞、2021年11月15日朝刊など）。

　政府はコロナ禍で歴史的な規模の財政支出で対応してきた。緊急事態宣言が4度も出されたので、予算規模については必要性は否定はしないが、内容をみると問題も指摘されていた。問題は予備費と基金である。予備費は憲法87条で「予見し難い予算の不足に充てるため、国会の議決に基づいて予備費を設け、内閣の責任で支出することができる」と定められ、議決されると支出は内閣で決められる。そのため機動的に支出できる半面、議会の監視が届かず内閣の裁量で決定でき不明瞭となる問題もある。予備費は2020年度補正予算で10兆円を超えた規模が国会で問題となったが、非常時で柔軟に支出する要請が説明され議決された。

図表Ⅲ-3　一般会計予算の推移

	2019年度	2020年度	2021年度	2022年度
当初予算	<u>101.5兆円</u>	<u>102.7兆円</u>	<u>106.6兆円</u> うちコロナ対策 予備費5兆円	<u>107.6兆円</u> うちコロナ対策 予備費5兆円
補正予算 1次	3.2兆円	25.7兆円 うちコロナ対策 25.5兆円。 うち予備費1.5兆円	36.0兆円 うちコロナ対策 予備費18.6兆円。 既定費減額1.6兆円	
補正予算 2次		31.9兆円 うちコロナ対策 31.8兆円。 うち予備費10兆円		
補正予算 3次		15.4兆円 うちコロナ対策 4.4兆円。 予備費減額1.9兆円		
予算合計	<u>104.7兆円</u>	<u>175.7兆円</u> うちコロナ対策計 61.7兆円	<u>142.6兆円</u> うちコロナ対策計 23.6兆円	

注：2022年1月時点。
出所：財務省資料より作成。

予備費は2021年度の当初予算と補正予算で20兆円を超え、2022年度にも当初予算で5兆円が計上された。非常時を理由に議会の監視の届かない予算が膨れてきたことに対しては、監視の目を光らせていかなければならない。

2 自治体の財政出動の検証

　国とともに地方財政もコロナ禍で最大限の財政支出で対応を進めてきた。しかし自治体間の財政力格差が大きいこともあり、財源をともなう支援には差が出ていることも事実である。国は感染症対策として地方創生交付金等で財源手当てをしてきたが、自治体がより手厚い独自の支援を実施するには財政力により格差もみられ、住民には改めて自治体間での不公平が感じられたところである。

　自治体の財政上の危機対応は積立金のうち財政調整基金（財調）で行われた。財調は年度間の財源の不均衡を調整するための積立金であり、

地方自治法241条に基づく基金で財産として位置づけられる。各自治体の財調は条例により設置することができ、その計上は交付税算定と決算剰余金から行われ、支出は緊急時等の場合に限って認められている。

　今回のコロナ禍において地方財政で財調がどの程度取り崩されたかみると（図表Ⅲ-4参照）、2019年度末の財調の残高は7兆5,407億円であった。2020年度末では7兆2,835億円であるので2,572億円が減額となった。この減額は2020年度の積立額1兆931億円と取崩額1兆3,502億円の差額である。コロナ対応で東京都をはじめ多くの自治体で財調の取り崩しが行われ、一時は財調の枯渇で地方財政も危機的な状況に陥ることが懸念された。しかし大半の財調が取り崩されたわけではなく、国からの支援もあり、状況をみながら柔軟に財政運営が進められた。

図表Ⅲ-4　地方財政の積立金の推移

	2019年度末	2020年度末	増減
地方債現在高	143兆4,429億円	144兆5,697億円	1兆1,268億円
積立金現在高	22兆9,358億円	22兆5,981億円	▲3,377億円
うち財政調整基金	7兆5,407億円	7兆2,835億円	▲2,572億円

注：財政調整基金増減額▲2,572＝積立金10,931－取崩額13,503。
出所：総務省資料。

　地方財政の財調を巡っては、かつて余裕資金として議論されたことがあった。2016年度末の地方財政の財調基金残高が21.5兆円に上り、バブル期の20.7兆円を超えて過去最高を記録したことが2017年5月の経済財政諮問会議で問題視された。すなわち、財調を地方財政のゆとりとみなして地方交付税の削減が議論された。財務省はこうした財調をめぐる議論について、地方財政計画の財源保障の中身について言及した。国は毎年度赤字国債の発行や特別会計から捻出する財源によって地方交付税を措置している一方で、地方は地方財政計画の歳出に計上されてない経費を基金として積立てている現状をみれば、国・地方間の財政資金の効率的配分に向けてその要因を分析し検証する必要があると指摘したのである。これに対して総務省は、地方自治体の積立金の調査を行い、自

治体へのアンケート調査から財調の積立水準については、過去の経験から１つの目安として標準財政規模に対する割合は、都道府県は５％、市町村は５％から10％程度とされた。こうした数値は、リーマンショックなど過去の財政危機の経験値をもとにしていた。危機対応としての財調は、一定の規模の積立は必要であると自治体から示されたのであり、その後は議論されていない。財調の役割と規模について、再度議論しておく必要があるかもしれない。

Ⅳ
令和年代に考える地方財政の課題と対応

▶ 1 コロナ債務の後始末 ◀

1 コロナ感染症対策で抱えた債務

　予期しないことが起きている。感染症によるパンデミック、地球温暖化による異常気象、一方的な領土の侵攻である。安全安心を確保するのはより高度な知恵とコストがかかる環境になってきたのであろうか。

　新型コロナウイルス感染症（以下、コロナ感染症）の最初の発症が中国で確認されたのが2019年末、それから急速に世界に感染が広がり、翌2020年3月11日にWHOは世界的な流行のパンデミックを宣言した。わが国も4月11日に最初の緊急事態宣言を発出した。2020年は各国で感染症対策に追われた。都市のロックダウンや海外渡航が大幅に制限され、世界経済は大きく停滞した。そのため医療体制の確保とともに生活支援が要請された。

　コロナ感染症の発症からほぼ1年が経過した2021年3月時点で、先進諸国の財政支出の規模はおよそ13.9兆ドル（約1,500兆円）、GDP比で17％に上っていた（2021年10月時点では19.6兆ドル・約1,900兆円であった）。これはリーマンショック時をはるかに上回り、史上最大規模となった。アメリカは5.9兆ドル・GDP比で26％。ドイツは1.5兆ドル・同36％、イギリスは0.7兆ドル・同14％、日本は0.9兆ドル・同17％であり、中国を除いてGDP比で2桁の規模の対策が行われた。

図表Ⅳ-1　世界のコロナ感染症対策の財政支出（2021年３月時点）

	財政支出の規模	GDP比
全 世 界	13.9兆ドル（1,500兆円）	17%
アメリカ	5.9兆ドル	26%
	所得制限現金給付、中小業者への支援等。＊2021年３月バイデン大統領追加対策1.9兆ドル含む（１人最大1,400ドル支給）	
イギリス	0.7兆ドル	14%
	賃金の８割保障、小売業等への支援金、融資利子を政府が負担等。	
ド イ ツ	1.5兆ドル	36%
	個人・事業者への現金緊急給付、事業支援・融資等。	
中 国	0.9兆ドル	5%
	失業者支援、市場安定化基金の設置、銀行からの融資等。ただしリーマン危機よりは慎重。	
日 本	0.7兆ドル	17%
	個人全員に現金給付、事業者等への現金支援、融資。	

出所：IMF資料等より作成。

　こうした財政支出はほとんどが公債発行で賄われた。2021年の世界の政府債務残高は、世界全体の対GDP比で97.8％で過去最悪を記録した。ただし欧米などでは公債（国債）は国庫の資金繰りとして発行され、わが国のように赤字公債の概念はない。またイギリスやドイツなどでは投資額に限定されているため赤字公債は発行できない。しかし今回のコロナ感染症対策では、投資額を超える資金が必要となったため公債資金で賄わざるをえなかった。各国の債務残高の対GDP比は、2020年度末に前年度からアメリカは＋25.4％、イギリスは＋19.3％、ドイツは＋9.9％、そして日本は＋18.7％も増加した。なお2021年度末は大きな財政支出はみられない。

2　財政健全化に向けた取組み

　各国は巨額の債務を抱えたのであるが、同時に債務返済の問題に対応しはじめた。欧米では返済に向けた対策が始められた。各国の取組みをみると、アメリカでは法人税増税や富裕層をターゲットにした個人所得税の増税が議論され、またイギリスも法人税を2023年度から19％から

25％に引き上げることを決めた（なお2022年９月に首相が交代し変更もありうる）。フランスとドイツは公債により財源調達した分について20年以内に償還することを決めた。またEUは域内で支出した100兆円の復興資金の財源を新たな国境環境税やプラスチック税の創設により資金調達を計画していた。

　こうした動きに対して、わが国は現時点（2022年７月）では何も決めていない。東日本大震災当時の復興資金約30兆円については、震災発生から４カ月後には特別会計を設けて所得税に2.1％上乗せして25年で回収することを決めた。今回も特別会計を設けてコロナ感染症対策の赤字国債を別に管理する議論はあったようだが（日経新聞、2022年５月27日）、具体化に向けた動きはみられない。

　わが国は世界で最悪の対GDP比で債務残高を抱えている。コロナ感染症対策で一層悪化した。欧米ではすでに健全化への取組みが始まっている。後世代にこれ以上大きな負担を残さないためにも、早急にコロナ感染症対策で負った債務の返済計画を進めるべきである。

図表Ⅳ-2　各国のコロナ感染症対策の財源

	対　　　　　策
アメリカ	法人税増税、富裕層税の強化
イギリス	法人税増税、所得税増税
フランス	財政赤字の拡大分の債務を区分して、20年以内に償還
ドイツ	
欧州連合	国境炭素税、プラスチック税の創設、租税回避への対策強化
日　　本	赤字国債

出所：日経新聞等より作成。

▶ **2 災害からの復旧復興と脱炭素社会に** **向けた原子力発電再稼働問題** ◀

⬛**1** **東日本大震災の復旧復興対策と教訓**

　2011年３月11日に発生した東日本大震災は、わが国民のみならず世界に天災と人災の怖さを改めて認識させた。政府と東京電力は“想定外”の地震と津波が甚大な被害を招いたと説明したが、当時、危機感のなさに多くの国民が怒りを覚えた。

　東日本大震災（以下、大震災）の復旧復興対策とその後の対応をみよう。政府は2011年６月に首相を本部長とする東日本大震災復興対策本部を設置し、「東日本大震災からの復興の基本方針」を７月に閣議決定した。同基本方針では復興期間を10年間（2020年度末まで）とし、この期間の事業規模を23兆円と見込んだ。また震災復興に関する事務は担当する復興庁を2012年２月に設置した。設置期間は2020年度末までであったが、10年間延長され2031年３月まで置かれている。復興庁の2012年度予算は、同年度に新設された東日本大震災復興特別会計で復興庁所管予算として２兆433億円が計上された。同特会は復興に係る資金の透明化と適切な管理を目的に新設されたもので、2012年度の歳入・歳出予算は３兆7,754億円であった。

　大震災の復旧復興の予算は、2011年度に４次の補正予算を組んで対応した。2011年度一般会計予算歳出総額は107.5兆円となり、過去最大規模となった。また４次の補正は、戦後の混乱期を除けば最も多い回数であった。４次の補正予算の内訳は、第１次は約４兆円で震災から２カ月後の５月２日に成立した。主な事業は、道路港湾等の災害対応公共事業関係費（道路港湾など復旧等）が1.2兆億円、災害関連融資関係経費（災害復興住宅、農林漁業者等への融資等）が0.6兆円、施設費災害復旧費等（学校施設、社会福祉施設等の復旧等）が0.4兆円などであった。これらの財源は既定経費の減額3.7兆円と税外収入が充てられ、公債の追加発行は回避された。第２次補正は約２兆円で７月25日に成立し、主な事業は被災者支援関係経費や原子力損害賠償法等関係経費などであり、ここでも財源は前年度剰余金受入で賄われた。本格的な復興予

算となったのが第3次補正で11月21日に成立した。事業規模は約12.1
兆円で公共事業等の追加や災害復旧特別交付税の交付金、新設の一括交
付金である復興交付金などに充てられた。これらの財源は復興債で賄わ
れることになり、11.5兆円が発行された。償還は所得税、住民税、法
人税等の臨時増税やJT株など政府資産の売却で行われることとなった。
最後の第4次補正は約2.5兆円で2012年4月に成立し、事業はエコカー
補助金の復活が0.3兆円や地方交付税増額が0.3兆円などであった。財源
は2011年度国債費の余剰分や税収増収分を充て国債発行は行わなかっ
た。

　政府の大震災への対応は迅速で適切であったとの評価は少なかった。
当時は民主党政権下で復旧復興の初年度の2011年9月に首相が交代す
るという政治の混乱があった。本格的な復興の予算措置は震災から8カ
月後の11月に成立した第3次補正によって行われた。未曾有の大災害
に際して失策と批判され、政治への不信にもつながった。

　また人災ともいえる東京電力福島第1原発事故への対応についても、
政府のみならず学者の認識の甘さが批判された。政府の事故調査・検証
委員会の中間報告では、官邸内のコミュニケーション不足や重要情報の
公表の遅れなど政府の情報の収集・伝達・発信に問題があったことが指
摘された。また東電の初期対応でも原子炉の冷却操作で誤認や判断ミス
があったことが明らかにされた。東電のこうしたミスは被災住民の訴訟
が相次ぎ、国とともに賠償が命ぜられてきた。また東電の株主が事故で
多額の損害を被ったとして、旧経営陣の責任を追及した裁判では13兆
円余りを会社に賠償するよう命じる判決が東京地方裁判所で2022年7
月13日に下された。

　巨大災害への迅速で適切な対応を間違えると、その代償も巨大となる
という教訓を学んだ。

❷ わが国の原子力発電事情

　東日本大震災以前に設置されていた原発は54基であり、電力の30%
程度を賄っていた。しかし東京電力の福島第1原子力発電所の事故によ
り、原発に対する安全神話が崩れて一時はすべての原発が停止した。そ

の後、21基の廃炉が決まり、事故から11年が経過した2022年6月時点で原発は33基となった。このうち25基が再稼働の申請をし、10基が原子力規制委員会の安全審査を通過して地元の同意もえて、実際に動かせる状況となった。2022年6月時点で再稼働可能なのは5発電所（大飯：関西電力、高浜：関西電力、玄海：九州電力、川内：九州電力、伊方：四国電力）の9基であり、全て西日本に位置している。なおこれらは事故を起こした福島第1原発の沸騰水型とは異なるタイプの加圧水型である。

　脱炭素社会の実現には、原発は現状では可能な限り再稼働せざるをえないと言う意見もある（岸田総理は2022年8月に原発の新増設の検討を指示）。安全性の問題を考えると、地元自治体の不安は大きい。しかし大量電力消費社会において、脱炭素社会の実現は現時点では容易ではない。当面は原発の再稼働も検討しなければならないのかもしれない。

　原発の再稼働に向けては、国の原子力規制委員会の同意はもちろんのこと、地元自治体の同意をえることが必須である。2022年6月時点で再稼働可能な9基のうち5基はいずれも地元自治体などの同意をえていた。2022年10月までに4基が再稼働する見込みであり、供給力は計約375万キロワットである。

　わが国の電力消費は、アメリカ、中国に次いで世界3位の消費大国である。年間の電力供給量（2019年度資源エネルギー庁資料）は10,247億キロワット／時に上り、そのうち原発の占める割合は6.2％、646億キロワット／時である。原発事故前は30％を超えていた。しかしすでに21基は廃炉が決まり、現状では原発を最大限再稼働しても電力供給は以前の水準には戻れない。

❸ 今後の議論として

　政府は2020年5月に温室効果ガスの排出をゼロにして、「2050年カーボンニュートラル」を宣言した。またこれまで6次にわたるエネルギー基本計画でも、温室効果ガスの削減目標年次を設定しながら、風力・太陽光・バイオマスなどの再生可能エネルギーによる主力電源化を掲げてきた。しかし現状（2019年度）では、わが国のエネルギー自給率は

12.3％でしかなく、アメリカの104.2％、イギリスの71.3％、ドイツの34.6％、さらに韓国の17.7％に比べても低い。またエネルギーのうち84.8％は化石燃料であり、化石燃料の99％は輸入に頼っている。

こうした現状では、当面は電力供給は原発の再活動に頼るのが現実的であろう。政府は2018年7月に閣議決定した第5次エネルギー基本計画において、2030年度に原発による発電比率を20～22％に引き上げることを目標に掲げた。しかし原発も前述のように、老朽化が進み再稼働しないまま廃炉となる原発も21基ある。稼働できる原発は限られ、発電比率を20％まで引き上げるのは容易ではない。

海外では原発の建設が予定されている国も多い。カーボンニュートラルを進めるにあたっては、原発の議論は避けられない。わが国では福島の事故以来、原発の新設に関しては議論もされてこなかった。しかし革新炉という新たな発電施設の開発が進められている。革新炉とは、「安全性、廃棄物、エネルギー効率、核不拡散性等の観点から優れた技術を取り入れた先進的な原子炉」と説明されている(資源エネルギー庁資料)。安全性が高いとされる最新の大型原発である新型軽水炉や小型の小型モジュール炉（SMR）、高温ガス炉（HTGR）などの開発もある。革新炉はわが国では建設計画もまだないが、英米や中国、ロシアでは開発が進み、大型の革新炉である新型軽水炉は中国とロシアですでに稼働している。また小型の革新炉も2030年代には実用化に向けた取組みが進められている。

これまでの原発は巨額の初期投資が必要となり、回収には数十年もの長い時間を要した。そのため小型で安全性の高い革新炉の開発が進められている。わが国は原発の開発では遅れている。しかし安全性が高いとされるこうした革新炉の開発は、カーボンニュートラルの実現には欠かせない。

さて、非常時における政府の対応を大震災とコロナ感染症対策で課題を探ろう。大震災の復旧復興対策では、いくつかの課題が浮き彫りになった。1つは決断の遅さである。未曾有の大災害に見舞われながら、首相のリーダーシップの欠如と政府の対応の遅さが露呈した。天災が人災を招いたともいえる事態も引き起こした。例えば、復興庁の設置にし

ても関東大震災時に比べると10カ月以上も遅かった。しかし他方では、政府は増税を含む「復興の基本方針」を地震発生からわずか4カ月半後に公表し、約30兆円の復興資金は特別会計を設置して手当てした。復興資金を賄うために発行した復興債の償還財源は、25年間所得税率を2.1％上乗せして返済することも決めた。

　ではコロナ感染症対策ではどうか。コロナ感染症は2022年9月時点で終息していないので政府の対応を論ずる時期ではないが、これまでの対応をみると、大震災の教訓は活かされていない感がある。過去最大規模の財政支出で積み上がった債務残高の返済は、相当の期間で計画的に進めなければ国民に大きな痛みを残すことになる。発症から3年が経過した時点で、返済計画は進めるべきであろう。コロナ対策で支出された借金のツケを決して後世代に回してはいけない。それでなくても巨額のツケをすでに押し付けているのであるから。

▶ 3　低迷する財政民主主義からの脱却 ◀

❶ 民主主義の危機

　民主主義を支える1つのバロメーターは投票率である。わが国の戦後の投票率の推移をみると、1951年の国政選挙で80％を超えてピークをつけた後、下がり続けてきた。直近の2022年7月の参議院選挙では52％と有権者の半数しか投票していない。地方議員選挙では10年以上前から50％を割り込み、投票率の低下傾向は収まっていない。この傾向はわが国だけではなく、先進諸国の地方選挙では共通してみられる傾向である。

　投票率はまた年齢によって大きな差がある。若年ほど低い傾向がみられる。2015年に選挙権年齢が18歳に引き下げられたが投票率は低いままである。若者の政治離れは今に始まったことではないが、20歳代の低さが目を引く。これに対して60歳代はつねに70％台を維持している。このことを政治は当然に把握しているから、政策は60歳代以降の年齢層をターゲットにする。まさにシルバー民主主義である。財政危機に直

面しながら、年金改革では負担を先送りする一方で、給付面に手を付けてこなかったのは（デフレ下で年金物価スライドの凍結）、こうしたことが背景にあることは容易に想像できる。

図表Ⅳ-3　国政・地方選挙投票率の推移

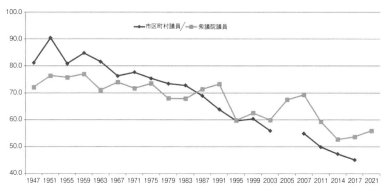

出所：総務省資料より作成。

　戦後に民主社会が築かれてきた中で、その根幹である選挙を半数近くの有権者がなぜ棄権するのであろうか。投票を義務付けている国（国政レベルで義務投票制を採用している国はオーストラリア、タイ、シンガポール、ベルギー、ギリシャなど30カ国程度）は別として、棄権することは個人の自由であるから悪いことではない。義務付けることで政治に関心がない有権者を強制的に投票させても、民意が反映されるとは限らない。100％近い投票率が社会全体の効用を高めていることも認められていない。投票率の高低を問題にすること自体、それほど意味のあることではないかもしれないが、有権者の民主的関心度を知るためには1つの指標ではある。

　民主主義についてここで論じるのはあまりにもテーマが大きすぎるので、以下で地方財政との関係で民主的決定に関する取組みを紹介したい。

② 市民参加予算の広がり

　市民参加予算ないしは参加型予算（Participatory Budgeting：PB）

という用語がわが国でも散見されるようになった。市民参加予算とは、1990年代からブラジルを発祥として南米を中心に地方政府レベルで徐々に導入が始まった取組みであり、2000年代には欧米やアジアにも広がってきた。当初は政治参加から疎外された市民に参加の機会を与える取組みとしてスタートしたが、広く一般市民を対象に予算に興味をもって参加できるよう広げられてきた。参加予算について国連（UN HABITAT）は「参加予算とは、参加意識を高め行財政の責任と透明性を改善する革新的な財政上の実践である。またそれは公共の意思決定とより公平な資源配分に市民が参加し決定権をもつことができる仕組みである」と説明している。すなわち、市民が政府の予算編成プロセスに直接に参加して予算の一部について、使途の決定あるいは事業の優先順位付けに関与するものである。

　市民参加予算は、公共への参加機会の少なかった人々を巻き込むことで支持をえて評価されてきた。世界で市民参加予算（予算編成に市民が関与できる）の事例は2021年におよそ1万件を数えている。韓国では2012年から市民参加予算（住民参与予算制）を全自治体に義務付けた。わが国では三重県で「みんつく予算」と称した市民参加予算類似の取組みが始まったが関心は高くない。

　わが国の制度的な市民参加に関しては、自治体に住民の直接参加が広く認められている。自治基本条例や住民参加条例が多くの自治体で制定され、直接民主制が保障されている。こうした市民参加は、かつて市民自らが学生運動などの闘争をとおして勝ち取ってきた面がある。もっともこれは1つのきっかけであって、その後に続いたわけではない。政治への参加は年々減少し、自治会への参加も少なくなった。"公共のガバナンス（合意による統治）"という用語も目にするようになったが、公共への参加は限られた市民（そこにはノイジーマイノリティという侮蔑的意味をもつ場合もある）である。

　今後、高齢層の割合が年々高くなるなかで公共に参加する年齢層が偏れば、公共のガバナンスはますます偏った年齢層によって支配され、歪んだ公共圏が形成されることもありうる。市民参加は自発的な行動であるので社会がそれを是認するならそれで問題ない。しかし経済社会の望

むべき方向と姿は、偏った参加で決められるべきではないはずである。公共圏に参加しない市民は、歪んだ公共圏が形成されたとしても、結果には責任を負わなければならない。

　市民参加予算は偏った市民参加にならないよう工夫しているところもある。自由な市民参加は偏った市民によって構成される可能性は高い。そのため年齢別の無作為抽出で参加を決めているケースもある。また参加者には、"討議の場"が提供されることもある。討議の場は、市民が十分な知識をえて討議を重ねて公正な意見を表明してもらうための手続きであり、討議型民主主義（Deliberative Democracy）とも呼ばれ代表制民主主義を補完する仕組みでもある（『市民参加の新展開』イマジン出版、2016年参照）。

▶ 4 もはや公共部門はいらないか ◀

1 公共部門とは

　財政とは、公共部門の経済活動である。国民は、国や都道府県、市町村などの地方自治体、いわゆる公共部門について、選挙によって議員や首長を選び、彼らの政治的決定をもとに、行政サービスが提供される。近年ではさらに、公務員、委託先・関係企業、NPO、ボランティア等、様々な人々、団体とともに単なる行政サービスの範疇を超えた公共サービスが提供されるようになってきた。今日、行政サービスから公共サービスへとサービス提供の関係主体が多くなるに従い、各担い手はサービス供給に関してそれぞれ責任をもち、互いに説明責任を負う。ガバメント（政府）からガバナンス（協治）の時代に入って、公共部門およびその経済活動、お金の出し入れもより複雑さを増してきている。そこにチェックアンドバランスの必要はますます高まってくるのである。

　かつて、さかんに議論された事柄に、公共部門が出資あるいは経営する公社や地方公営企業などの公企業や第3セクター、公益企業における公共性と経営性という論点がある。公の関わり方によってその位置関係は異なってくるが、二兎を追いにくい目標であり、そのバランスのかけ

方について議論されていた。独立採算か税収などからの補助を受けるか。料金設定、事業展開する地域、サービス内容をどうするか。たとえば、営業ベースにのりにくい地域の公共交通、病院整備、上下水道などではどうするのか。

　しかし、平成不況による財源不足および急速な少子高齢化の進展に伴い、公共部門の活動、経営能力への疑問が提示されるようになってきた。バブル景気の到来前後に、観光開発など本来の活動範囲を超えるものへの参入が公共部門への大きな疑問提示の端緒となったといえるし、1980年代以降のいわゆる新自由主義政策が金余りを生み出し、公も民も無謀な分野への参入を生み出したといえるだろうか。

　このように、公共部門と民間部門との共同作業が多くなるにつれて、また公共部門の経営が疑問視されるようになって、公と民の境界があいまいになり、公としての意義、必然性もあいまいになりつつあるといえよう。民間でできることは民間でということは当然であり、その範囲は民間で供給すべきサービスとなるが、公共部門が採算ベースにのせることのみを追求した場合、いったい何のための公なのかということになる。

　問題は、公共部門の存在意義を再検討すること、そして何を公共部門で、何を民間部門で供給するかである。

2　人間生活と公共部門

　人間の生は今や80年あるいは85年にもなってきた。人は、生まれ、育てられ、教育され、通常は数十年の間、働いて収入をえて生活する。歳をとって働くのをやめた後には、いわゆる老後の生活がある。会社や団体に勤めたり経営したり、働いて収入をえるという行為。結婚、出産、子育て、教育、介護など、収入確保とは直接関わらない人間生活関連の活動。こうしたことが組み合わさって一生がある。その間、常に健康でいられる者もそう多くはないだろう。

　仕事の面では、終身雇用・年功序列・企業内組合をベースとする日本的経営の崩壊、不正規労働の増加、家庭内では核家族化、働く女性の増加に伴う専業主婦の減少、少子化および高齢者比率の増加、ここ数十年の変化は極めて大きい。かつては、人間生活関連の活動の多くを人手が

ある家族内で対応できた。比較的大きな企業に勤めていれば、配偶者手当、児童手当、住宅手当、退職金、企業年金など、家庭内福祉を手助けしてくれる制度もあった。時には、休みに出かけるための保養所も用意されていたかもしれない。

　状況が変化するにつれて、教育や福祉の社会化への期待、公共サービスへの期待は、その範囲ではむしろ大きくなってきた。企業という傘、家族という傘、こうしたものが小さくなってきている中で、今後は公共部門という傘をどう張り替えていくのかが問題となる。

　公園、公共体育館、公共図書館、公共サービス、さらに公的医療、公的年金。公であることの意味は、料金や保険負担のみで運営されていないため、利益を見込んだ商業ベースの料金設定よりも安い、多くの人が利用できる、時には無料。それでいて、それを供給する側の人々の立場も保障されるというものであった。

　消費者主権は、今や雇用者主権と同義語になりつつある。雇用形態が不安定化するに従い、そして競争の激化に伴い、消費者の要望に応えるため、雇用する側の立場は雇用される側の立場よりはるかに強くなりつつあり、消費者の要望は雇用する側の要望となる。安い商品づくり、サービス提供のために雇用の不安定化、条件の悪化などを生じるケースも出ている。消費者は働き手でもある。公共サービス従事者が公であるか、民であるかにかかわらず、働く者と消費者たる国民がいい形で関わり、よりよいサービス提供をするにはどうするかを考えていかねばならない。

3 家計収入の使い道

　家計収入は、消費に回すか貯蓄するか、公的負担とするか。もし、税や社会保障負担がなかったとしても、えられた収入をすべて使えることにはならない。公的負担をしなかった分、将来のため、なんらかの形で貯蓄や自己負担を増やさねばならない。公共サービスが低下するとなればその分の新たな負担が必要となる。公共部門に警察、消防といったサービスを依存しないなら、住民は、自ら警備保障会社などと契約しなくてはならないし、公的年金や医療保険でなければ、民間の保険に加入する

かもしれない。要は、貯蓄を自分で（民間で）するか、公共部門に託するかの違いである。

　平均年齢が上昇する中で、20歳前後から60歳前後まで働くとしても、その間、結婚や子育て、教育、リタイア後の生活など様々な場面に遭遇する。収入は低いが自由な部分の大きい青年期。収入が増えてもその分抱えるものも増えてくる中年期。このあたりは、何人家族か、共稼ぎか片稼ぎか、子供は公立か私立学校か、健康状況は、など様々な要因によって異なる。結婚しないという選択をする人もあるかもしれない。そして、年金中心の生活となる老年期。収入をすべて使えるわけではなく、歳をとる過程で生涯収入をバランスよく配分することになる。

　税や社会保険料の負担感が大きければ、公共部門は大きすぎる、もっと小さく、自助努力、あるいは民営化や民間委託へとの論に向かうことになる。日常、民間の商品やサービス購入の負担感が大きければ、生活費がかかる、物価が高いといった観点から公共サービスへの期待が高まることになることもある。国民それぞれの立場によっても違ってくるものであり、一般的には、国際競争にさらされ海外に工場（土地）や従業員を求めることで価格の引き下げ可能性も大きい民間部門と、国内でサービス展開し、再分配機能も求められる公共部門では、後者にハンデがあるのは仕方のないところであろう。

　また、企業は、パートタイムやアルバイトを戦力として期待し、フリーターを問題としながらも利用してきた側面がある。公も含め、スリム化、リストラクチュアリングを進めると、こうした雇用形態が拡大する。フルタイムとパートタイムに単に時間の差しかないヨーロッパ諸国と異なり、社会保険加入などで大きな不利性がある。

　日本ではまた、国際競争力という理由で、企業とくに大企業が所得・利益税や社会保障負担の増加を回避し、高齢社会の財源を、雇用と関わらない消費税に期待する傾向もみられる。こうした方法で日本経済が復活してくるとすれば、年金システムへの不安感が生み出され、その結果、公共部門のセーフティネットをより厚くしていかざるをえない、再分配機能も高めていく必要が出てくることにもなる。

　女性が仕事を持つことが一般的となり、ヨーロッパ諸国に比べ、長い

労働時間、育児休暇などの女性雇用制度の不十分さにさらされるなら、男性を含め家庭の大人がみな疲れきった状況になる。子供にとってもいいとはいえないだろう。ヨーロッパのよいところだけを真似することはできない。ある場合は、収入や負担面などでヨーロッパ並みとなることを考えなくてはならない場面も出てくるのではないか。

結局、仕事はすべてパートタイムなのである。24時間（フルタイム）働いている人はいない。そんな人は、かつてあったドリンク剤のCMだけである。24時間を、仕事に、家事に、子育てに配分する。会社の拘束時間が少なければ、家事に、子育てに配分される時間が多くなる。そうすれば、リフォーム（日曜大工）を自分でやり、子供の教育に関わり、保育所需要も減るかもしれない。ほとんどの女性が働いている北欧では、雇用形態や育児休暇制度の整備で、０歳児保育や時間外保育の需要がそれほど多くない。労働時間が短ければ、アウトソーシングせず自分で作る、自分でやるということが可能になり、コストは削減され、家族にも子どもにもやさしいことになる。高齢社会で負担は大きく、労働時間が短くなるため収入は多くならないかもしれないが、現金が少なくても幸せな社会、これを目指さない限り、国が借金まみれになるか苛立ちばかりの毎日となり、少子高齢社会に明るい展望は開けないといえよう。

▶ 5 危機に対応できる強靱（レジリエント）な 自治体の構築へ向けて ◀

1 レジリエント・ダイナミズムの考え方

危機への対応は平時から備えるべきことは言を待たないが、自治体は平時でもぎりぎりの行財政運営を強いられており、危機対応への備えに財政的な資源も人的資源も余裕はほとんどない。そのため国の財源が必要な場合には、国の補助事業等を利用して整備するのが現実的である。しかしそれらは多くは全国的な見地からの防災・減災の取組みであり、地域の特性に応じた個別の備えはいくら緊急性があっても実施されるこ

とは少ない。

　"予算"がないは行政の常套句であるが、危機を身近に体験した住民にとって、危機への対応に自治体が動かないことは許されない。予算がないなら、かつての米沢藩主の上杉鷹山が掲げた、扶助（公助）の前に共助の体制を平時に築いていたことが参考になる。自治体によってはすでに共助の体制を築いているところもあるが、自治体の共助による強靱化（レジリエント）の取組みについてまとめてみた。

　最近よく目にするレジリエンス（resilience）は、強靱、回復力、跳ね返りなどを意味する用語である。注目を集めたのは、2001年9月に起きたニューヨークの同時多発テロや2011年3月の東日本大震災で危機対応のキーワードとして用いられ、その後に2013年の世界経済フォーラム（ダボス会議）でテーマに「レジリエント・ダイナミズム」が掲げられて世界的にも使われるようになった。同年のダボス会議でまとめられた報告書には、感染症の危機や地球温暖化の問題にも触れ、喫緊の課題だけでなく長期的な問題も含めて協力して強靱な社会を築くことの必要性を指摘し、その際に危機管理においてレジリエント・ダイナミズム（強靱な活力）を強力なリーダーシップによって確保することの重要性などが述べられていた。

　ダボス会議が開催された2013年は、世界経済がリーマンショックから回復するなかで持続可能な強靱な経済を創出することが課題であった。テーマとして「逆境におけるリーダーシップ」、「経済のダイナミズムの回復」、「社会のレジリエンスの強化」の3つが示され、リーダーシップにはレジリエンスとダイナミズムが求められることが報告書の冒頭で述べられていた。また注目されたレポートとして、今後20年の間に市民社会の役割とその変化を論じた「将来の市民社会の役割」が取り上げられ、公共における市民参加とその重要性にも注目していたのは興味深い。

2　自治体のレジリエンス戦略

　レジリエンスの考え方を自治体に導入した事例がある。1つはOECDが2016年にプロジェクトの報告書としてまとめた「レジリエン

ス都市へのガイドライン」（Guidelines for Resilience 2016）である。報告書の目的は、都市システムは予見できない自然災害や経済変動、政情不安など未知の脅威に対し脆弱な面があるにもかかわらず経済、社会、環境そして組織面で大きな影響を持つ。そのためこれらのショックに対する都市のレジリエンスを議論し、レジリエンス構築のための政策的取組みを提言した。

　実践的な取組みとしては、米国ロックフェラー財団の資金援助で世界中から100都市を選定してレジリエンス向上の取組みを行ったものであり、「100 Resilience Cities」として2013年から３年間で行われた。1,000以上の都市が応募し、わが国からは京都市と富山市が選ばれた。ここでは世界的な総合エンジニヒアリング会社（ARUP）がまとめた「都市レジリエンス指標」が作成された。この指標は弱者を含めて都市で働く人々がストレスや様々な困難に遭遇しても生存し続け回復力を持つことを基準とし、その評価に際しては４つの側面（①健康と福祉、②経済と社会、③インフラと環境、④リーダーシップと戦略）と都市が回復力を実現させるために目指すべき12の目標が設定され、52の指標をもとに評価が行われた。選定された100都市について指標に基づいた評価の実証が試みられた（実証結果の報告書は次から入手できる。https://www.cityresilienceindex.org）。ここではとくに将来の市民社会の役割に注目し、参加した京都市では、2019年に「京都市レジリエンス戦略」をまとめ京都市のレジリエンスの源泉を「地域力」と「市民力」を上げていた。またそこには国連のSDGsの取組みも連携して進めることが盛り込まれていた。レジリエンスというキーワードをもとに、様々な危機に際して自治体と住民がともに対応策力を平時より備えておくことが重要となる。

　今回のコロナ禍では、市民生活で怖いのはウイルスよりも人々の恐怖心からくるパニックによる災厄であることが垣間見られた。医療従事者への差別や感染者をばい菌扱いした報道があった。ネット社会は容易に情報がえられる半面、フェイクの情報でもすぐに拡散しいたずらに恐怖を煽る。こうしたことからパニックも起こりうる。ウイルスより怖いのは人の弱さに入り込む恐怖という“病闇”であるかもしれない。正し

い（何が正しいかも判断が難しいが）知識をもたない国民は報道されるままに意思決定し、マスクラシーに巻き込まれてしまう。3年目に入ったコロナ禍の社会から恐怖心を拭い去るのは容易ではない。フラッシュバックもしばらくは起こるであろう。自治体はこうした住民にも対峙して、レジリエント都市を築くことが求められている。

資料編

資 料 編

▶ 1 地方債等残高の推移 ◀

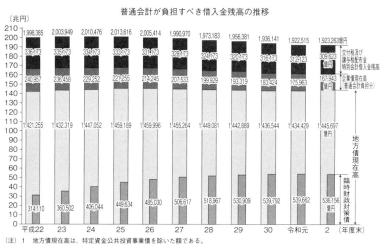

普通会計が負担すべき借入金残高の推移

（注）1　地方債現在高は、特定資金公共投資事業債を除いた額である。
　　　2　企業債現在高（うち普通会計負担分）は、決算統計をベースとした推計値である。

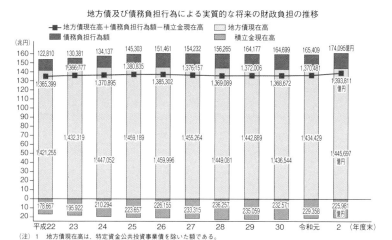

地方債及び債務負担行為による実質的な将来の財政負担の推移

（注）1　地方債現在高は、特定資金公共投資事業債を除いた額である。
　　　2　債務負担行為額は、翌年度以降の支出予定額である。

出所：総務省「地方財政白書令和4年度版」。

▶ 2 地方財源不足額の推移 ◀

地方財政の財源不足の状況

　令和4年度は、地方税収入や国税5税の法定率分が増加する中で、経費全般について徹底した節減合理化に努めるものの、社会保障関係費の増加が見込まれることなどにより、2.6兆円の財源不足となり、地方財政計画の約2.8%の見込みとなっている。

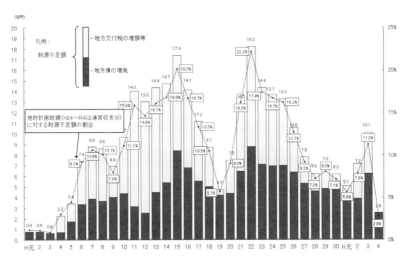

（注）財源不足額及び補填措置は、補正後の額である（令和4年度は当初）

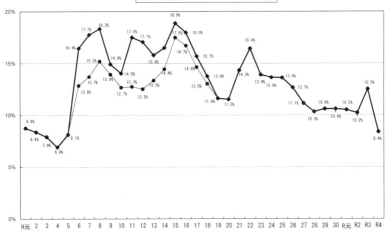

（注）　1　実質的な公債依存度には、交付税特別会計借入金を含む。
　　　　2　平成24～令和4年度は、通常収支分である。

出所：総務省資料。

▶ 3 地方交付税総額の推移 ◀

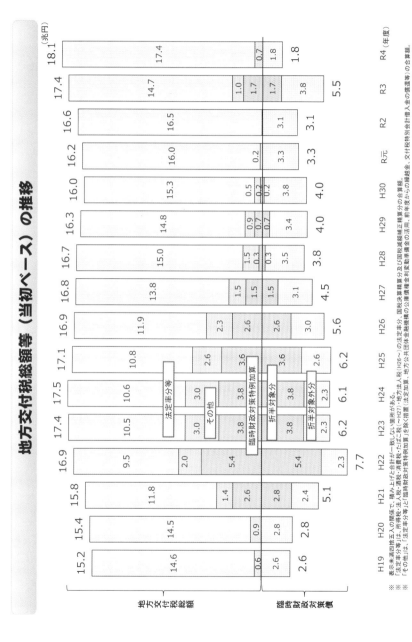

地方交付税総額等（当初ベース）の推移

(兆円)

	H19	H20	H21	H22	H23	H24	H25	H26	H27	H28	H29	H30	R元	R2	R3	R4（年度）
地方交付税総額	15.2	15.4	15.8	16.9	17.4	17.5	17.1	16.9	16.8	16.7	16.3	16.0	16.2	16.6	17.4	18.1

（法定率分等：14.6／14.5／11.8／9.5／10.5／10.6／10.8／11.9／13.8／15.0／14.8／15.3／16.0／16.5／14.7／17.4）

（その他・法定率分等の内訳等は図中参照）

臨時財政対策債：2.6／2.8／2.8／2.4／2.3／2.3／2.6／3.0／3.1／3.5／3.4／3.8／3.3／3.1／3.8／1.8

折半対象分・折半対象外分等

5.1／7.7／6.2／6.1／6.2／5.6／4.5／3.8／4.0／4.0／3.3／3.1／5.5／1.8

※ 表示未満四捨五入の関係で、積み上げと合計が一致しない箇所がある。
※ 「法定率分等」は、所得税・法人税・酒税・消費税・たばこ税（〜H27）・地方法人税（H26〜）の法定率分、国税決算精算分及び国税還付金等過去精算分等の合算額。
※ 「その他」は、「法定率分等」と「臨時財政対策特例加算」を除く措置（法定加算、地方公共団体金融機構の公庫債権金利変動準備金の活用、前年度からの繰越等、交付税特別会計借入金の償還等）の合算額。

出所：総務省資料。

おわりに

　国際政治経済に伴う日本経済への影響、少子高齢化や感染症など危機
対策を含む日本財政、自治体財政への影響は、今後ますます大きくなる
とみられる。最後に、課題を2つ上げておこう。

　第一に、地方交付税の原資たる国税への期待、そして補助金財源とし
ての国債発行に限界が生じてくると、自治体間財政調整、すなわち地方
税に水平調整機能を持たせる方向が顕著にならざるをえないかもしれな
いということである。今世紀に入って、法人事業税の外形標準化一部導
入、地方法人特別税・譲与税導入、法人住民税の一部を地方法人税・交
付税原資化が制度化されたが、こうした傾向が改正されつつ進んでいく
ということである。日本の地方財政調整制度は、財政力指数の高い富裕
団体の余裕財源を回収する仕組みはなかったが、ここに関心がもたれて
いるのである。こうした観点から、地方財政計画規模、すなわち地方財
政需要が大きすぎるとして自治体の基金積み立てにも疑問が呈される状
況にある。

　自治体としてどう対応、あるいは適応していくべきか。これまでのよ
うに、コストカット的な意味での行財政改革や住民協働論ばかりでは対
応できず、法定外税や超過課税とセットの公共サービス見直し論の方向
か、あるいは国全体として福祉国家を目指すというコンセンサスができ
てくるのであれば国税の増税を含めた見直し、自治体間や個人間の再分
配を進めることで、国全体として公共部門への期待を大きくするという
ことになる。民間でできることは民間で、家族にできることは家族で、
地域でできることは地域で、にも限界がある。

　第二に、多様性についてである。今後、生産年齢人口の減少、居住人
口の減少が顕著になる地域も多くなるだろう。より多くの人材、住民と
ともに、といった場合、様々な意味の多様性に対応することを検討する
必要があるかもしれないということである。老若男女、民族、その他様々
な違いを認め合うための対応策である。

　こうした課題への対応に向けた自治体行財政の方向性を巡っては、比

　較が重要となる。過去から現在への変化状況、自治体間の比較、時には
　海外自治体の情報も必要となる。制度や政策、自治や協働のあり方など
　絶えず関心をもってチェックし、改革への資料としておくことにより、
　地域の発展と住民生活の幸福度を高めることとなるのである。

著　者

索　引

著者略歴

兼村高文（かねむら たかふみ）

NPO法人市民ガバナンスネットワーク理事長、元明治大学教授

専修大学大学院博士後期課程単位取得退学。明海大学経済学部教授、明治大学公共政策大学院教授を歴任。英国バーミンガム大学客員研究員（1996－97、2012－13）、専攻は地方財政論、公会計論。日本地方自治研究学会常任理事、国際公会計学会理事などを務める。

総務省、資源エネルギー庁、東京都、三重県、茨城県、浦安市、藤沢市、鎌倉市等の行財政改革関連の委員を歴任。

著書に、『財政健全化法と自治体運営』（税務経理協会、2008年）、『自治体財政はやわかり』（学陽書房、2009年）、『公会計講義』（税務経理協会、2010、共編著）、『市民参加の新展開』（イマジン出版、2016年、共編著）、『自治体財政がよくわかる本 改訂版』（イマジン出版、2018年、共著）など。

星野　泉（ほしの いずみ）

明治大学政治経済学部教授

立教大学大学院博士後期課程研究指導修了。筑波大学大学院、首都大東京大学院、中央大学、立教大学各非常勤講師、明治大学政治経済学部助教授を経て、明治大学政治経済学部教授。専修大学大学院非常勤講師。

2005－06年、スウェーデンヨーテボリ大学客員研究員。専攻は財政学、地方財政論。日本地方自治研究学会副会長などを務める。清瀬市総合計画審議会会長、所沢市総合計画審議会会長、所沢市自治基本条例推進委員会委員長などを歴任。

著書に、『財政のかたちは国のかたち―財政再建のための30のポイント―増補改訂版』（朝陽会、2022年）、『自治体財政がよくわかる本　改訂版』（イマジン出版、2018年、共著）、『スウェーデン　高い税金と豊かな生活』（イマジン出版、2008年）、『分権型税制の視点』（ぎょうせい、2004年）、『現代の地方財政（第3版）』（有斐閣、2004年、共編著）など。

稲田圭祐（いなだ けいすけ）

和光大学経済経営学部経済学科准教授

明治大学大学院政治経済学研究科博士後期課程修了。博士（経済学）。明治大学経済経営学部助手、大東文化大学、東洋大学各非常勤講師、和光大学経済経営学部専任講師を経て、2017年から現職。専攻は、公共経済学、公共政策論、公会計論。

参議院決算委員会調査室客員調査員、地方公営企業連絡協議会委託調査員、東京都町田市事業評価有識者評価人、日本地方財政学会理事、日本地方自治研究学会理事を歴任。

著書に、『財政学　MINERVAスタートアップ経済6』（ミネルヴァ書房、2019年、共著）、『財政学（第4版）』（創成社、2015年、共著）、『グローカル財政論』（税務経理協会、2012年、共著）、『公会計講義』（税務経理協会、2010年、共著）、『現代財政論』（学陽書房、2007年、共著）など。

自治体財政を読み解く
よくわかる制度・課題・展望

発行日	2022年10月30日発行
著　者	兼村高文 ／ 星野　泉 ／ 稲田圭祐
発行人	片岡幸三
印　刷	今井印刷株式会社
発行所	イマジン出版株式会社©
	〒112-0013　東京都文京区音羽1-5-8
	電話 03-3942-2520　FAX 03-3942-2623
	HP　http://www.imagine-j.co.jp

ISBN978-4-87299-917-4　C2031　¥2400
落丁・乱丁の場合は小社にてお取替えします。